LETRAMENTO LITERÁRIO
Teoria e prática

LETRAMENTO LITERÁRIO
Teoria e prática

Rildo Cosson

Copyright © 2006 Rildo Cosson

Todos os direitos desta edição reservados à
Editora Contexto (Editora Pinsky Ltda.)

Capa e diagramação
Gustavo S. Vilas Boas

Revisão
Lilian Aquino
Ruy Azevedo

Dados Internacionais de Catalogação na Publicação (CIP)
(Câmara Brasileira do Livro, SP, Brasil)

Cosson, Rildo
 Letramento literário : teoria e prática / Rildo Cosson. –
2. ed., 14ª reimpressão. – São Paulo : Contexto, 2025.

Bibliografia.
ISBN 978-85-7244-309-8

1. Leitura 2. Letramento 3. Literatura – Estudo e ensino
4. Literatura – História e crítica 5. Literatura e sociedade
6. Textos I. Título.

05-8146   CDD-807

Índices para catálogo sistemático:
1. Leitura literária : Ensino 807
2. Literatura : Estudo e ensino 807

2025

Editora Contexto
Diretor editorial: *Jaime Pinsky*

Rua Dr. José Elias, 520 – Alto da Lapa
05083-030 – São Paulo – SP
PABX: (11) 3832 5838
contato@editoracontexto.com.br
www.editoracontexto.com.br

Proibida a reprodução total ou parcial.
Os infratores serão processados na forma da lei.

*O meu livro, recordo-lhe eu, é de história, assim realmente
o designariam segundo a classificação tradicional dos
gêneros, porém não sendo propósito meu apontar outras
contradições, em minha discreta opinião, senhor doutor,
tudo quanto não for vida é literatura.*
José Saramago, História do cerco de Lisboa.

Sumário

INTRODUÇÃO 9

    A fábula do imperador chinês 9

OS PRESSUPOSTOS 14

    A literatura e o mundo 15

    A literatura escolarizada 19

    Aula de literatura: o prazer sob controle? 25

    Leitura literária: a seleção dos textos 31

    O processo de leitura 37

AS PRÁTICAS 44

    Estratégias para o ensino da literatura:
    a sistematização necessária 45

    A sequência básica 51

    A sequência expandida 75

    A avaliação 111

AS REINVENÇÕES DA RODA 116
    Conclusão 117

OFICINAS...121

BIBLIOGRAFIA...137

O AUTOR 141

Introdução

A fábula do imperador chinês

Um imperador da China voltou de uma longa e estafante batalha preocupado com o futuro de seu império. Estava velho e sabia que deveria pensar em um sucessor. Como tinha dezenas de filhos, não sabia a quem escolher. Depois de consultar os deuses e seu coração angustiado, escolheu o filho de sua esposa favorita na juventude, cuja memória lhe era cara. Todavia, percebeu que o jovem não possuía os conhecimentos necessários para assumir um encargo tão pesado.

Resolveu contratar um sábio para ensinar as complexas matérias da arte de governar ao seu escolhido. Para que ele não estudasse sozinho, designou como companheiro o filho de sua décima quinta concubina, uma mulher que recebera como presente de alguém da corte já esquecido. E como os dois filhos do imperador não poderiam ficar sem auxílio durante as aulas, designou um servo para acompanhá-los.

Como era imperador, demandou que o sábio dos sábios do império se apresentasse para realizar a tarefa. Tratava-se, porém, de um homem bastante avançado em anos, que alegou não estar em condições físicas de realizar tão honrosa tarefa. Chamou o segundo sábio mais renomado do império, mas novamente não foi atendido. Este encareceu a grandeza da missão, mas possuía muitas mulheres, muitos filhos, muitos alunos, morava distante e temia ser incapaz de despojar-se de todas as obrigações que já assumira para se dedicar inteiramente aos filhos do imperador. O imperador recebeu a recusa com relutância, mas, como não faltavam sábios renomados na China, decidiu convocar o terceiro sábio mais admirado do império. Esse reagiu do mesmo modo que os anteriores. Sentia-se engrandecido pela escolha, mas lamentava não poder atender o imperador por ter programado uma longa viagem ao interior do império em busca de novos conhecimentos.

Indignado com tais recusas, o imperador reuniu os três sábios e determinou que, se um deles não aceitasse a tarefa, todos seriam sumariamente executados antes do anoitecer. Os sábios não olharam para o sol, que já havia ultrapassado seu zênite. Confabularam entre si por alguns instantes e, finalmente, o mais sábio decidiu explicar ao imperador o motivo da recusa.

– Meu senhor – disse o sábio – perguntastes por que nos recusamos a executar a tarefa que é a razão de nossa vida, uma vez que decidimos ser sábios e ensinar a todos. Não se trata de vontade, visto que diante de vossa majestade não possuímos nenhuma, mas sim da impossibilidade de realização da missão.

– Como pode ser impossível realizar uma tarefa tão simples quanto educar três jovens com todos os recursos à disposição do mestre? – retrucou enfurecido o imperador.

O sábio prostrou-se. Pediu mil perdões pela sua impostura. Louvou a grandeza ímpar do imperador. Por fim, respondeu que a tarefa era impossível por causa dos alunos. Ante a surpresa do imperador, que sabia da saúde e da inteligência dos três jovens, o sábio explicou:

– A tarefa é impossível porque vosso filho favorito, aquele que irá sucedê-lo no comando do império, sabendo-se escolhido, acredita que já não precisa de mais nada para ser imperador além do desejo do seu pai. Já seu irmão, aquele que é filho de uma concubina sem nome, sabendo-se preterido, acredita que em nada modificará sua vida tal conhecimento, uma vez que será sempre o esquecido. O servo, ao contrário de seus senhores, deseja muito aprender, porém nada sabe, e quem nada sabe, nada aprende. Em suma, meu imperial senhor, vós nos destes a missão de ensinar para as mais temíveis inimigas de qualquer educador: a arrogância, a indiferença e a ignorância. Separadas podemos combatê-las e vencê-las, juntas são imbatíveis.

*   *   *   *   *

Como os sábios do imperador chinês, vivemos nas escolas uma situação difícil com os alunos, os professores de outras disciplinas, os dirigentes educacionais e a sociedade, quando a matéria é literatura. Alguns acreditam que se trata de um saber desnecessário. Para esses, a literatura é apenas um verniz burguês de um tempo passado, que já deveria ter sido abolido das escolas. Eles não sabem, mas pensam que não precisam aprender literatura, porque já conhecem e dominam tudo o que lhes interessa. Essa postura arrogante com relação ao saber literário leva a literatura a ser tratada como apêndice da disciplina Língua Portuguesa, quer pela sobreposição à simples leitura no ensino fundamental, quer pela redução da literatura à história literária no ensino médio. É a mesma arrogância que reserva à disciplina Literatura no ensino médio uma única aula por semana, considera a biblioteca um depósito de livros e assim por diante. Outros têm consciência de que desconhecem a disciplina, porém consideram o esforço para conhecer desproporcional aos seus benefícios. São os indiferentes, para quem ler é uma atividade de prazer, mas o único valor que conseguem atribuir à literatura é o reforço das habilidades linguísticas. É por isso que não se importam se o ensino de literatura constitui-se em uma sequência enfadonha de autores, características de estilos de época e figuras de linguagem, cujos nomes tão-somente devem ser decorados independentemente de qualquer contexto. Por fim, há aqueles que desejam muito estudar literatura ou qualquer outra coisa. Todavia, seja por falta de referências culturais ou pela maneira como a literatura lhes é retratada, ela se torna inacessível. Para eles, a literatura é um mistério, cuja iniciação está fora de seu alcance. Não surpreende, portanto, que tomem a poesia como um amontoado de palavras difíceis e tenham dificuldade em distinguir a ficção de outros discursos de realidade.

É para enfrentar essas situações de arrogância, indiferença e desconhecimento a respeito da literatura na escola que escrevemos este livro. *Letramento literário: teoria e prática* é uma proposta de ensino da leitura literária na escola básica. Resultado de vários anos de leitura, pesquisas, práticas de sala de aula minhas e de colegas, de alunos e de alunos de alunos, não foi escrito para especialistas, mas sim para professores que desejam fazer do ensino da literatura uma prática significativa para si e para seus alunos. Não pretende, portanto, revolucionar o ensino de literatura, nem estabelecer marcos teóricos ou metodológicos. Ao contrário, ele se configura, por assim dizer, como uma reinvenção da roda. Por isso, e como os débitos são muitos, optamos por não fazer referências bibliográficas extensas ao longo do texto. O leitor interessado encontrará na bibliografia os autores e títulos que o auxiliarão no aprofundamento dos tópicos aqui tratados.

Escolhemos denominar a proposta de letramento literário para assinalar sua inserção em uma concepção maior de uso da escrita, uma concepção que fosse além das práticas escolares usuais. De uso recente na língua portuguesa, a palavra letramento tem suscitado algumas controvérsias. Tradução do inglês *literacy*, o letramento, como explicita Magda Becker Soares em *Letramento: um tema em três gêneros* (1998), dá visibilidade a um fenômeno que os altos índices de analfabetismo não nos deixavam perceber. Trata-se não da aquisição da habilidade de ler e escrever, como concebemos usualmente a alfabetização, mas sim da apropriação da escrita e das práticas sociais que estão a ela relacionadas. Há, portanto, vários níveis e diferentes tipos de letramento. Em uma sociedade essencialmente letrada como a nossa, mesmo um analfabeto tem participação, ainda que de modo precário, em algum processo de letramento. Do mesmo modo, um indivíduo pode ter um grau sofisticado de letramento em uma área e possuir um conhecimento superficial em outra, dependendo de suas necessidades pessoais e do que a sociedade lhe oferece ou demanda.

O letramento literário, conforme o concebemos, possui uma configuração especial. Pela própria condição de existência da escrita literária, que abordaremos adiante, o processo de letramento que se faz via textos literários compreende não apenas uma dimensão diferenciada do uso social da escrita, mas também, e sobretudo, uma forma de assegurar seu efetivo domínio. Daí sua importância na escola, ou melhor, sua importância em qualquer processo de letramento, seja aquele oferecido pela escola, seja aquele que se encontra difuso na sociedade.

Neste livro, vamos tratar do letramento literário no que se refere a processo de escolarização da literatura. A proposta que subscrevemos aqui se destina a reformar, fortalecer e ampliar a educação literária que se oferece no ensino básico. Em outras palavras, ela busca formar uma comunidade de leitores que, como toda comunidade, saiba reconhecer os laços que unem seus membros no espaço e no tempo. Uma comunidade que se constrói na sala de aula, mas que vai além da escola, pois fornece a cada aluno e ao conjunto deles uma maneira própria de ver e viver o mundo.

*   *   *   *   *

Para tratar de nossa proposta de letramento literário, dividimos o livro em três partes. Na primeira, apresentaremos algumas reflexões sobre o lugar da literatura em nossa sociedade e por que lhe atribuímos importância. De certa maneira, procuraremos responder a uma indagação básica de quem trabalha com leitura literária, isto é, qual o valor da literatura e sua função social. Também buscaremos tornar um tanto mais nítidas as relações entre literatura e educação. Como se sabe, essas relações são antigas, mas vamos centrar nossa atenção em como se tem ensinado literatura no Brasil e as consequências dessa tarefa na formação dos leitores literários. O centro da discussão será a didatização ou escolarização da literatura, na tentativa de compreender como se deu a passagem da literatura como arte para a literatura como disciplina escolar. Outra questão importante é a crença de que literatura não se ensina, basta a simples leitura das obras, como se faz ordinariamente fora da escola. Vamos, portanto, analisar os pressupostos dessa crença e reafirmar a necessidade do ensino da literatura na escola. Ensino que passa, necessariamente, pela seleção de textos. Nesse caso, procuraremos discutir os critérios utilizados para essa seleção, em que estão presentes outras tantas seleções relacionadas ao cânone literário e às características do leitor-aluno. Por fim, abordaremos o processo de leitura à luz das várias teorias da leitura. O objetivo é esclarecer a concepção de leitura que fundamenta o caminho a ser seguido para o letramento literário na escola.

Na segunda parte, abordaremos a proposta em seu aspecto mais aplicado, ou seja, vamos falar dos procedimentos que efetivam a proposta de letramento literário. Inicialmente, trataremos da necessidade de um método para se trabalhar a literatura na escola, compreendendo que todo processo educativo precisa ser organizado para atingir seus objetivos. Depois, apresentaremos as atividades coordenadas de ensino e aprendizagem de leitura literária na escola básica com o objetivo de construir comunidades de leitores. No fechamento dessa segunda parte, vamos tratar, brevemente, do processo de avaliação dentro da perspectiva do letramento literário aqui proposta.

Na terceira parte faremos uma reflexão sobre o desafio de se trabalhar com o diferente em uma escola que resiste a mudanças e também traremos propostas de oficinas para o professor adaptar em seu trabalho com o letramento literário.

* * * * *

Um livro que envolveu tantos anos de elaboração não poderia ter chegado ao seu termo sem a ajuda de muitas pessoas. Quero, portanto, iniciar meus agradecimentos pelos alunos de meus alunos que experienciaram em sala de aula essa proposta de letramento literário. Foram os resultados alcançados nas salas de aula, em lugares tão diversos como os estados do Acre, do Rio Grande do Sul e de Minas Gerais, que me animaram a colocar na forma de livro o que costumava discutir e analisar nas disciplinas de Metodologia do Ensino da Literatura e da Língua Portuguesa nos cursos de Letras e Pedagogia. Gostaria de poder citá-los individualmente, pois minha dívida com eles é enorme, mas não teria páginas suficientes para tantos. Não poderia deixar de citar, entretanto, os nomes de Rita Maffia Lopes e Marília Furtado, alunas-professoras que gentilmente me forneceram farto material de suas atividades em sala de aula e alimentaram parte dos exemplos que se encontram reproduzidos neste livro.

Também expresso minha gratidão aos meus colegas que compartilharam experiências e debateram comigo algumas das ideias aqui discutidas. Na Faculdade de Letras, agradeço o incentivo de Cíntia Schwantes, Maria Amélia Idiart Lozano e Eni Celidônio. Na Faculdade de Educação, agradeço a parceria de Graça Paulino, Marildes Marinho e Aracy Evangelista. De maneira muito especial, quero agradecer a três colegas que, em prova de amizade e consideração, prontificaram-se a ler os originais e apontaram muitas questões a serem resolvidas: Néa de Castro, Nívia Eslabão e Ana Cláudia Fidélis. Naturalmente, os erros que permaneceram são resultados de minha teimosia. Por fim, diz-se que não se agradece sentimentos íntimos, mas não posso deixar de agradecer a paciência e a generosidade de minha esposa, que leu com os olhos do coração todas as palavras deste livro.

Os pressupostos

A literatura e o mundo

> A literatura corresponde a uma necessidade universal que deve ser satisfeita
> sob pena de mutilar a personalidade, porque pelo fato de dar forma
> aos sentimentos e à visão do mundo ela nos organiza, nos liberta do caos
> e portanto nos humaniza. Negar a fruição da literatura é mutilar
> a nossa humanidade.
> Antonio Candido. *O direito à literatura* (1995).

Gosto da ideia de que nosso corpo é a soma de vários outros corpos. Ao corpo físico, somam-se um corpo linguagem, um corpo sentimento, um corpo imaginário, um corpo profissional e assim por diante. Somos a mistura de todos esses corpos, e é essa mistura que nos faz humanos. As diferenças que temos em relação aos outros devem-se à maneira como exercitamos esses diferentes corpos. Do mesmo modo que atrofiaremos o corpo físico se não o exercitarmos, também atrofiaremos nossos outros corpos por falta de atividade.

Nesse sentido, o nosso corpo linguagem funciona de uma maneira especial. Todos nós exercitamos a linguagem de muitos e variados modos em toda a nossa vida, de tal modo que o nosso mundo é aquilo que ela nos permite dizer, isto é, a matéria constitutiva do mundo é, antes de mais nada, a linguagem que o expressa. E constituímos o mundo basicamente por meio das palavras. No princípio e sempre é o verbo que faz o mundo ser mundo para todos nós, até porque a palavra é a mais definitiva e definidora das criações do homem. Como bem diz o pensamento popular, se uma imagem vale por mil palavras, mesmo assim é preciso usar a língua para traduzir as imagens e afirmar esse valor. É por isso também que as usamos para dizer que não temos palavras para expressar um pensamento ou um sentimento. Em síntese, nosso corpo linguagem é feito das palavras com que o exercitamos, quanto mais eu uso a língua, maior é o meu corpo linguagem e, por extensão, maior é o meu mundo.

E de onde vêm as palavras que alimentam e exercitam o corpo linguagem? Aqui outra particularidade do nosso corpo linguagem. As palavras vêm da sociedade de que faço parte e não são de ninguém. Para adquiri-las basta viver em uma sociedade humana. Ao usar as palavras, eu as faço minhas do mesmo modo que você, usando as mesmas palavras, as faz suas. É por esse uso, simultaneamente individual e coletivo, que as palavras se modificam, se dividem e se multiplicam, vestindo de sentido o fazer humano.

Em uma sociedade letrada como a nossa, as possibilidades de exercício do corpo linguagem pelo uso das palavras são inumeráveis. Há, entretanto, uma que ocupa lugar central. Trata-se da escrita. Praticamente todas as transações humanas de nossa sociedade letrada passam, de uma maneira ou de outra, pela escrita, mesmo aquelas que aparentemente são orais ou imagéticas. É assim com o jornal televisionado com o locutor que lê um texto escrito. É assim com práticas culturais de origem oral como a literatura de cordel, cujos versos são registrados nos folhetos para serem vendidos nas feiras. Também a tela do computador está repleta de palavras e os *video games* cheios de imagens não dispensam as instruções escritas. Essa primazia da escrita se dá porque é por meio dela que armazenamos nossos saberes, organizamos nossa sociedade e nos libertamos dos limites impostos pelo tempo e pelo espaço. A escrita é, assim, um dos mais poderosos instrumentos de libertação das limitações físicas do ser humano.

O corpo linguagem, o corpo palavra, o corpo escrita encontra na literatura seu mais perfeito exercício. A literatura não apenas tem a palavra em sua constituição material, como também a escrita é seu veículo predominante. A prática da literatura, seja pela leitura, seja pela escritura, consiste exatamente em uma exploração das potencialidades da linguagem, da palavra e da escrita, que não tem paralelo em outra atividade humana. Por essa exploração, o dizer o mundo (re)construído pela força da palavra, que é a literatura, revela-se como uma prática fundamental para a constituição de um sujeito da escrita. Em outras palavras, é no exercício da leitura e da escrita dos textos literários que se desvela a arbitrariedade das regras impostas pelos discursos padronizados da sociedade letrada e se constrói um modo próprio de se fazer dono da linguagem que, sendo minha, é também de todos.

Isso ocorre porque a literatura é plena de saberes sobre o homem e o mundo. Aqui vale a pena relembrar a fábula da pedra de Bolonha, que recontamos a partir da menção feita por Roland Barthes em *Aula* (1980). Havia nessa cidade uma pedra mágica. Durante o dia, escura e opaca, absorvia a luz e tudo que a circundava. À noite, transmudava-se em brilho iluminando a tudo e a todos com a luz que recolhera anteriormente. Assim funciona o texto literário em relação aos saberes que guarda a cada escritura, mas sem os aprisionar dentro de si. Ao contrário, libera-os com brilho a cada leitura.

Isso se dá porque à semelhança do mito de Proteu, a literatura tem o poder de se metamorfosear em todas as formas discursivas. Ela também tem muitos artifícios e guarda em si o presente, o passado e o futuro da palavra. Como acontecia com o deus grego, não se pode conhecer a verdade da palavra e da linguagem sem interrogar constantemente esse discurso proteiforme, percorrendo seus artifícios e as diferentes temporalidades que ele encerra.

Na leitura e na escritura do texto literário encontramos o senso de nós mesmos e da comunidade a que pertencemos. A literatura nos diz o que somos e nos incentiva a desejar e a expressar o mundo por nós mesmos. E isso se dá porque a literatura é uma experiência a ser realizada. É mais que um conhecimento a ser reelaborado, ela é a incorporação do outro em mim sem renúncia da minha própria identidade. No exercício da literatura, podemos ser outros, podemos viver como os outros, podemos romper os limites do tempo e do espaço de nossa experiência e, ainda assim, sermos nós mesmos. É por isso que interiorizamos com mais intensidade as verdades dadas pela poesia e pela ficção.

A experiência literária não só nos permite saber da vida por meio da experiência do outro, como também vivenciar essa experiência. Ou seja, a ficção feita palavra na narrativa e a palavra feita matéria na poesia são processos formativos tanto da linguagem quanto do leitor e do escritor. Uma e outra permitem que se diga o que não sabemos expressar e nos falam de maneira mais precisa o que queremos dizer ao mundo, assim como nos dizer a nós mesmos.

É por possuir essa função maior de tornar o mundo compreensível transformando sua materialidade em palavras de cores, odores, sabores e formas intensamente humanas que a literatura tem e precisa manter um lugar especial nas escolas. Todavia, para que a literatura cumpra seu papel humanizador, precisamos mudar os rumos da sua escolarização, conforme veremos no próximo capítulo, promovendo o letramento literário.

A literatura escolarizada

Não há como evitar que a literatura, qualquer literatura,
não só a literatura infantil e juvenil, ao se tornar "saber escolar", se escolarize,
e não se pode atribuir, *em tese*, [...] conotação pejorativa a essa
escolarização, inevitável e necessária; não se pode
criticá-la, ou negá-la, porque isso significaria negar a própria escola [...]. O que
se pode criticar, o que se deve negar *não* é a escolarização da literatura, mas a
inadequada, a errônea, a imprópria escolarização da literatura, que se traduz em
sua deturpação, falsificação, distorção, como resultado de uma pedagogização ou
uma didatização mal compreendidas que, ao transformar o literário em escolar,
desfigura-o, desvirtua-o, falseia-o.
Magda Becker Soares. *A escolarização da literatura infantil e juvenil* (2001).

Como professor da área de Letras que sempre procurou interligar literatura
e educação, tenho vivenciado vários questionamentos sobre as relações possíveis
entre esses dois campos. Durante uma aula de Metodologia de Ensino de Língua
Portuguesa no curso de Pedagogia, um aluno questionou a presença da literatura
no ensino médio dizendo que os professores ensinavam as características dos
períodos literários, o nome dos autores e das obras, em uma sequência que poderia
ser mais facilmente oferecida pela História. De tudo isso, o que ele havia aprendido
de Literatura fora que barroco é sinônimo de antítese, romantismo é tudo que trata
de amor e naturalismo é podridão. Em outra ocasião, em um debate sobre leitura
na escola, uma professora do ensino fundamental relatou que antigamente usava os
textos literários para ensinar a ler, mas agora usava apenas jornais, porque eram mais
fáceis de serem adquiridos e lidos pelas crianças. Por fim, em um encontro recente
de pesquisadores e alunos de pós-graduação da área de Letras, ouvi o comentário

de que as imagens hoje são muito mais importantes do que as palavras e a literatura, com seus romances e poemas, deveria ser substituída como objeto de estudo por filmes, telenovelas e outros artefatos mais significativos culturalmente.

Todos esses questionamentos deixam claro que a relação entre literatura e educação está longe de ser pacífica. Aliás, eles dizem que o lugar da literatura na escola parece enfrentar um de seus momentos mais difíceis. Para muitos professores e estudiosos da área de Letras, a literatura só se mantém na escola por força da tradição e da inércia curricular, uma vez que a educação literária é um produto do século XIX que já não tem razão de ser no século XXI. A multiplicidade dos textos, a onipresença das imagens, a variedade das manifestações culturais, entre tantas outras características da sociedade contemporânea, são alguns dos argumentos que levam à recusa de um lugar à literatura na escola atual. Para compreender melhor como se chegou a esses questionamentos e a essa recusa da literatura é preciso verificar, ainda que brevemente, como se constituíram as relações entre educação e literatura no ambiente escolar ou a escolarização da literatura.

O uso da literatura como matéria educativa tem longa história, a qual antecede a existência formal da escola. Regina Zilberman, em *Sim, a literatura educa* (1990), lembra-nos, a esse respeito, que as tragédias gregas tinham o princípio básico de educar moral e socialmente o povo. Daí a subvenção dos dramaturgos pelo Estado e a importância do teatro entre os gregos. Do mesmo modo, é bem conhecida a fórmula horaciana que reúne na literatura o útil e o agradável. Essa tradição cristaliza-se no ensino da língua nas escolas com um duplo pressuposto: a literatura serve tanto para ensinar a ler e a escrever quanto para formar culturalmente o indivíduo. Foi assim com o latim e o grego antigo, cujo ensino se apoiava nos textos da Era Clássica, para o aprendizado dessas línguas de uso restrito e para o conhecimento produzido nelas. Tem sido assim com o ensino da literatura em nossas escolas, que, no ensino fundamental, tem a função de sustentar a formação do leitor e, no ensino médio, integra esse leitor à cultura literária brasileira, constituindo-se, em alguns currículos, uma disciplina à parte da Língua Portuguesa.

Consoante esses objetivos e sua localização em graus distintos de ensino, aquilo que se ensina como literatura na escola costuma ter contornos muito diversos. Tome-se, como exemplo, a divisão da literatura segundo a faixa etária do leitor, que coloca, de um lado, a literatura infanto-juvenil e, de outro, a literatura sem adjetivo. Essa divisão, tão cara à escola, termina contribuindo para o bem conhecido vácuo existente entre os números de publicação de obras da literatura infanto-juvenil e da literatura "adulta", mostrando que os leitores daquela não se transformam em leitores desta, como se, uma vez "formado" o leitor, a literatura já não tivesse razão para fazer parte da sua vida. Todavia, o ponto fundamental a ser discutido sobre a presença da literatura na escola é a discrepância entre o que se entende por literatura nos dois níveis de ensino.

No ensino fundamental, a literatura tem um sentido tão extenso que engloba qualquer texto escrito que apresente parentesco com ficção ou poesia. O limite, na verdade, não é dado por esse parentesco, mas sim pela temática e pela linguagem: ambas devem ser compatíveis com os interesses da criança, do professor e da escola, preferencialmente na ordem inversa. Além disso, esses textos precisam ser curtos, contemporâneos e "divertidos". Não é sem razão, portanto, que a crônica é um dos gêneros favoritos da leitura escolar. Aliás, como se registra nos livros didáticos, os textos literários ou considerados como tais estão cada vez mais restritos às atividades de leitura extraclasse ou atividades especiais de leitura. Em seu lugar, entroniza-se a leitura de jornais e outros registros escritos, sob o argumento de que o texto literário não seria adequado como material de leitura ou modelo de escrita escolar, pois a literatura já não serve como parâmetro nem para a língua padrão, nem para a formação do leitor, conforme parecer de certos linguistas. No primeiro caso, a linguagem literária, por ser irregular e criativa, não se prestaria ao ensino da língua portuguesa culta, posto que esta requer um uso padronizado, tal como se pode encontrar nas páginas dos jornais e das revistas científicas. No segundo, sob o apanágio do uso pragmático da escrita e da busca de um usuário competente, afirma-se que apenas pelo contato com um grande e diverso número de textos o aluno poderá desenvolver sua capacidade de comunicação.

No ensino médio, o ensino da literatura limita-se à literatura brasileira, ou melhor, à história da literatura brasileira, usualmente na sua forma mais indigente, quase como apenas uma cronologia literária, em uma sucessão dicotômica entre estilos de época, cânone e dados biográficos dos autores, acompanhada de rasgos teóricos sobre gêneros, formas fixas e alguma coisa de retórica em uma perspectiva para lá de tradicional. Os textos literários, quando comparecem, são fragmentos e servem prioritariamente para comprovar as características dos períodos literários antes nomeadas. Caso o professor resolva fugir a esse programa restrito e ensinar leitura literária, ele tende a recusar os textos canônicos por considerá-los pouco atraentes, seja pelo hermetismo do vocabulário e da sintaxe, seja pela temática antiga que pouco interessaria aos alunos de hoje. A essa percepção agregam-se as discussões sobre o cânone, que, deslocadas do jogo de forças da academia, são ressignificadas na escola como mera inculcação ideológica e, por isso mesmo, implicam o abandono da leitura de obras antes consideradas fundamentais. O conteúdo da disciplina Literatura passa a ser as canções populares, as crônicas, os filmes, os seriados de TV e outros produtos culturais, com a justificativa de que em um mundo onde a imagem e a voz se fazem presentes com muito mais intensidade do que a escrita, não há por que insistir na leitura de textos literários. A cultura contemporânea dispensaria a mediação da escrita ou a empregaria secundariamente. Por isso, afirma-se que se o objetivo é integrar o aluno à cultura, a escola precisaria se atualizar, abrindo-se às práticas culturais contemporâneas que são muito mais dinâmicas e raramente incluem a leitura literária.

De acordo com o conteúdo, as atividades desenvolvidas oscilam entre dois extremos: a exigência de domínio de informações sobre a literatura e o imperativo de que o importante é que o aluno leia, não importando bem o que, pois a leitura é uma viagem, ou seja, mera fruição. No ensino fundamental, predominam as interpretações de texto trazidas pelo livro didático, usualmente feitas a partir de textos incompletos, e as atividades extraclasses, constituídas de resumos dos textos, fichas de leitura e debates em sala de aula, cujo objetivo maior é recontar a história lida ou dizer o poema com suas próprias palavras. Isso quando a atividade, que recebe de forma paradoxal o título de especial, não consiste simplesmente na leitura do livro, sem nenhuma forma de resposta do aluno ao texto lido, além da troca com o colega, depois de determinado período para a fruição. As fichas de leitura, condenadas por cercear a criatividade ou podar o prazer da leitura, são no geral voltadas para a identificação ou classificação de dados, servindo de simples confirmação da leitura feita.

Recebendo ou não a distinção de disciplina à parte, normalmente com uma aula por semana ou as últimas aulas do semestre, quando termina o conteúdo de português, a literatura no ensino médio resume-se a seguir de maneira descuidada o livro didático, seja ele indicado ou não pelo professor ao aluno. São aulas essencialmente informativas nas quais abundam dados sobre autores, características de escolas e obras, em uma organização tão impecável quanto incompreensível aos alunos. Raras são as oportunidades de leitura de um texto integral, e, quando isso acontece, segue-se o roteiro do ensino fundamental, com preferência para o resumo e os debates, sendo que esses são comentários assistemáticos sobre o texto, chegando até a extrapolar para discutir situações tematicamente relacionadas. Um exemplo disso é a leitura de *Lucíola*, de José de Alencar, como ensejo para se discutir com os alunos a questão da prostituição. Esse procedimento repete-se mesmo em relação aos materiais didáticos alternativos, como filmes, programas de TV e canções populares, que são tratados como se fossem textos escritos, ignorando-se a presença do som e da imagem na sua composição.

Em qualquer que seja das situações acima descritas, estamos adiante da falência do ensino da literatura. Seja em nome da ordem, da liberdade ou do prazer, o certo é que a literatura não está sendo ensinada para garantir a função essencial de construir e reconstruir a palavra que nos humaniza. Em primeiro lugar porque falta um objeto próprio de ensino. Os que se prendem aos programas curriculares escritos a partir da história da literatura precisam vencer uma noção conteudística do ensino para compreender que, mais que um conhecimento literário, o que se pode trazer ao aluno é uma experiência de leitura a ser compartilhada. No entanto, para aqueles que acreditam que basta a leitura de qualquer texto convém perceber que essa experiência poderá e deverá ser ampliada com informações específicas do campo literário e até fora dele.

Depois, falta a uns e a outros uma maneira de ensinar que, rompendo o círculo da reprodução ou da permissividade, permita que a leitura literária seja exercida sem o abandono do prazer, mas com o compromisso de conhecimento que todo saber exige. Nesse caso é fundamental que se coloque como centro das práticas literárias na escola a leitura efetiva dos textos, e não as informações das disciplinas que ajudam a constituir essas leituras, tais como a crítica, a teoria ou a história literária. Essa leitura também não pode ser feita de forma assistemática e em nome de um prazer absoluto de ler. Ao contrário, é fundamental que seja organizada segundo os objetivos da formação do aluno, compreendendo que a literatura tem um papel a cumprir no âmbito escolar.

Por fim, devemos compreender que o letramento literário é uma prática social e, como tal, responsabilidade da escola. A questão a ser enfrentada não é se a escola deve ou não escolarizar a literatura, como bem nos alerta Magda Soares, mas sim como fazer essa escolarização sem descaracterizá-la, sem transformá-la em um simulacro de si mesma que mais nega do que confirma seu poder de humanização. É sobre isso que trataremos nos próximos capítulos.

Aula de literatura: o prazer sob controle?

> Ler, no sentido de construção de sentidos a partir de textos, supõe normas, códigos de interpretação aprendidos numa comunidade; supõe a aprendizagem de comportamentos face ao texto e ao contexto onde se lê, comportamentos "oficialmente" sancionados e culturalmente aceites relativamente ao que deve ser uma leitura apropriada, ao que deve ser resposta do leitor e, também, ao que é texto válido. Nesta perspectiva, os códigos de leitura ensinados, qualquer que seja o modelo pedagógico, podem ser vistos como conjuntos de constrangimentos na relativa (e enfatizo relativa) liberdade interpretativa dos alunos leitores.
> Maria de Lourdes da Trindade Dionísio.
> *A construção escolar de comunidade de leitores* (2000).

Ao receber os alunos de Letras na disciplina Teoria da Literatura, costumava fazer um teste sobre suas expectativas a respeito do que e como iriam estudar literatura. O teste trazia a seguinte situação: um calouro de Matemática cumprimentava seu colega de Letras dizendo que gostaria de ter a boa vida deste, pois não devia ser difícil um curso que consistia em ler poemas e romances, o que qualquer pessoa fazia normalmente por prazer. O aluno de Letras deveria replicar ao aluno de Matemática dizendo qual a diferença entre ler romances e poemas em casa e ler romances e poemas na universidade.

Os alunos davam respostas bastante diversificadas, de acordo com o conhecimento prévio sobre a literatura como disciplina escolar. De um modo geral, buscavam defender, sob argumentos de consistência variada, que estudar literatura era algo tão complexo quanto resolver operações matemáticas. Após uma dessas aulas, um aluno me chamou de lado e, invocando uma honestidade que sempre julguei ser princípio básico em qualquer relação de conhecimento, indagou: "Professor, por que não podemos apenas ler os textos literários?"

Essa pergunta se repetiria em outros cursos e em diferentes situações, sob outras formas. Na escola em que meu filho cursava o último ano do ensino fundamental, a coordenadora da área de Língua Portuguesa trouxe uma novidade para a reunião de pais e mestres. A partir daquele ano, a escola adotaria um programa de leitura visando melhorar o desempenho escolar dos alunos. Esse programa consistiria na leitura de obras literárias previamente selecionadas por uma especialista em literatura infanto-juvenil. A família, a quem caberia adquirir um livro por aluno, deveria incentivar a leitura que seria feita em casa. Na escola, os alunos trocariam os livros entre si dentro de cada turma. Quando indaguei o que seria feito após a leitura, ela reiterou que os alunos trocariam os livros entre si até terem lido todos os livros destinados à turma. Pareceu-lhe muito estranho que a simples troca de livros não fosse considerada por mim uma atividade suficiente para constituir um programa de leitura envolvendo textos literários.

Não é possível aceitar que a simples atividade da leitura seja considerada a atividade escolar de leitura literária. Na verdade, apenas ler é a face mais visível da resistência ao processo de letramento literário na escola. Por trás dele encontram-se pressuposições sobre leitura e literatura que, por pertencerem ao senso comum, não são sequer verbalizadas. Daí a pergunta honesta e o estranhamento quando se coloca a necessidade de se ir além da simples leitura do texto literário quando se deseja promover o letramento literário.

Uma dessas pressuposições é que os livros falam por si mesmos ao leitor. Afinal, se lemos as obras literárias fora da escola com prazer sem que nos sejam dadas instruções especiais, por que a escola precisa se ocupar de tal forma de leitura? A resposta para essa pergunta está na desconstrução do sofisma que ela encerra. Em primeiro lugar, nossa leitura fora da escola está fortemente condicionada pela maneira como ela nos ensinou a ler. Os livros, como os fatos, jamais falam por si mesmos. O que os fazem falar são os mecanismos de interpretação que usamos, e grande parte deles são aprendidos na escola. Depois, a leitura literária que a escola objetiva processar visa mais que simplesmente ao entretenimento que a leitura de fruição proporciona. No ambiente escolar, a literatura é um lócus de conhecimento e, para que funcione como tal, convém ser explorada de maneira adequada. A escola precisa ensinar o aluno a fazer essa exploração. Por fim, não se trata de cercear a leitura direta das obras criando uma barreira entre elas e o leitor. Ao contrário, o pressuposto básico é de que o aluno leia a obra individualmente, sem o que nada poderá ser feito. É claro que não estamos advogando que a única maneira possível de ler um texto literário seja aquela realizada na escola. Aqui vale o aprendizado dos autodidatas. Um escritor de romances populares declarou, em uma entrevista, orgulhosamente ser autodidata, mas confidenciou que se ressentia da ausência de ordenamento e da facilidade de manipular os textos que o letramento literário feito pela escola proporciona. Para ele, dominar o discurso literário havia sido um processo muito mais difícil do que para aqueles que frequentaram com regularidade a escola e nela completaram sua formação.

Outra pressuposição é que ler é um ato solitário. Por isso, não haveria sentido em se realizar a leitura na escola, porque seria desperdiçar um tempo que deveria ser usado para aprender. É claro que tal afirmação não leva em consideração outras formas de leitura que não a silenciosa, pois a oral tende a ser um ato transitivo, posto que a voz se eleva para outros ouvidos. No sentido de que lemos apenas com os nossos olhos, a leitura é, de fato, um ato solitário, mas a interpretação é um ato solidário. O trocadilho tem por objetivo mostrar que no ato da leitura está envolvido bem mais do que o movimento individual dos olhos. Ler implica troca de sentidos não só entre o escritor e o leitor, mas também com a sociedade onde ambos estão localizados, pois os sentidos são resultado de compartilhamentos de visões do mundo entre os homens no tempo e no espaço.

Ao ler, estou abrindo uma porta entre meu mundo e o mundo do outro. O sentido do texto só se completa quando esse trânsito se efetiva, quando se faz a passagem de sentidos entre um e outro. Se acredito que o mundo está absolutamente completo e nada mais pode ser dito, a leitura não faz sentido para mim. É preciso estar aberto à multiplicidade do mundo e à capacidade da palavra de dizê-lo para que a atividade da leitura seja significativa. Abrir-se ao outro para compreendê-lo, ainda que isso não implique aceitá-lo, é o gesto essencialmente solidário exigido pela leitura de qualquer texto. O bom leitor, portanto, é aquele que agencia com os textos os sentidos do mundo, compreendendo que a leitura é um concerto de muitas vozes e nunca um monólogo. Por isso, o ato físico de ler pode até ser solitário, mas nunca deixa de ser solidário.

Há também a ideia de que é impossível expressar o que sentimos na leitura dos textos literários. Os sentimentos despertados pelo texto literário seriam tão inefáveis que não haveria palavras para dizê-los. Toda tentativa estaria *a priori* destinada ao fracasso, logo não passaria de exercícios estéreis. Essa defesa exacerbada dos sentimentos do leitor, ou da impossibilidade de sua expressão, trata a leitura literária como uma experiência mística, uma epifania, daí sua intraduzibilidade. Todavia, mesmo as experiências místicas são de alguma maneira transmitidas por aqueles que a experienciaram, porque se não fosse assim teríamos de aceitar o fracasso da própria linguagem que nos faz humanos e, portanto, capazes de experiências que vão além dos cinco sentidos. Além disso, nada mais lógico do que transformar em palavras aquilo que foi provocado por palavras. Em uma versão menos radical dessa mesma ideia, defende-se que a verbalização do que foi sentido ou compreendido apenas empobrece o diálogo íntimo entre o leitor e o escritor.

De novo, estamos diante do equívoco de tratar a leitura literária como uma atividade tão individual que não poderia ser compartilhada, mas já sabemos que é justamente o contrário. O efeito de proximidade que o texto literário traz é produto de sua inserção profunda em uma sociedade, é resultado do diálogo que ele nos permite manter com o mundo e com os outros. Embora essa experiência possa parecer única para nós em determinadas situações, sua unicidade reside mais no que levamos ao texto do que no que ele nos oferece. É por essa razão que lemos o mesmo livro de maneira diferente em diferentes etapas de nossas vidas. Tudo isso fica ainda mais evidente quando percebemos que o que expressamos ao final da leitura de um livro não são sentimentos, mas sim os sentidos do texto. E é esse compartilhamento que faz a leitura literária ser tão significativa em uma comunidade de leitores.

Por fim, em uma posição usualmente complementar à anterior, argumenta-se que a leitura literária praticada na escola, também chamada análise literária, destruiria a magia e a beleza da obra ao revelar os seus mecanismos de construção. A máxima que governa os que defendem tal posição é que a palavra poética (e se mira com prioridade a poesia) é uma expressão tão absoluta que devemos apenas contemplá-la, mudos e extasiados. Qualquer tentativa de tornar uma obra em objeto de discussão mais específica do que a enunciação do êxtase redundará na quebra de sua aura. A contestação de tal posição realiza-se em duas direções. A primeira é que essa atitude sacralizadora da literatura lhe faz mais mal do que bem. Mantida em adoração, a literatura torna-se inacessível e distante do leitor, terminando por lhe ser totalmente estranha. Esse é o caminho mais seguro para destruir a riqueza literária. A análise literária, ao contrário, toma a literatura como um processo de comunicação, uma leitura que demanda respostas do leitor, que o convida a penetrar na obra de diferentes maneiras, a explorá-la sob os mais variados aspectos. É só quando esse intenso processo de interação se efetiva que se pode verdadeiramente falar em leitura literária. A segunda é que, como já o afirmamos acima, aprendemos a ler literatura do mesmo modo como aprendemos tudo mais, isto é, ninguém nasce sabendo ler literatura. Esse aprendizado pode ser bem ou malsucedido, dependendo da maneira como foi efetivado, mas não deixará de trazer consequências para a formação do leitor. Nesse sentido, quem passou pela escola preenchendo fichas de leitura meramente classificatórias terá grande dificuldade de apreciar a beleza de uma obra literária mais complexa, mas não sentirá dificuldade de fruir a ficção que se lhe oferece nas bancas de revistas. Longe de destruir a magia das obras, a análise literária, quando bem realizada, permite que o leitor compreenda melhor essa magia e a penetre com mais intensidade. O segredo maior da literatura é justamente o envolvimento único que ela nos proporciona em um mundo feito de palavras. O conhecimento de como esse mundo é articulado, como ele age sobre nós, não eliminará seu poder, antes o fortalecerá porque estará apoiado no conhecimento que ilumina e não na escuridão da ignorância. Desse modo, cumpre não esquecer as ponderações de Lígia Chiappini Leite em *Invasão da catedral: literatura e ensino em debate* (1983). Para ela, o professor de Literatura não pode subscrever o preconceito do texto literário como monumento, posto na sala de aula apenas para reverência e admiração do gênio humano. Bem diferente disso, é seu dever explorar ao máximo, com seus alunos, as potencialidades desse tipo de texto. Ao professor cabe criar as condições para que o encontro do aluno com a literatura seja uma busca plena de sentido para o texto literário, para o próprio aluno e para a sociedade em que todos estão inseridos.

Em suma, se quisermos formar leitores capazes de experienciar toda a força humanizadora da literatura, não basta apenas ler. Até porque, ao contrário do que acreditam os defensores da leitura simples, não existe tal coisa. Lemos da maneira como nos foi ensinado e a nossa capacidade de leitura depende, em grande parte, desse modo de ensinar, daquilo que nossa sociedade acredita ser objeto de leitura e assim por diante. A leitura simples é apenas a forma mais determinada de leitura, porque esconde sob a aparência de simplicidade todos as implicações contidas no ato de ler e de ser letrado. É justamente para ir além da simples leitura que o letramento literário é fundamental no processo educativo. Na escola, a leitura literária tem a função de nos ajudar a ler melhor, não apenas porque possibilita a criação do hábito de leitura ou porque seja prazerosa, mas sim, e sobretudo, porque nos fornece, como nenhum outro tipo de leitura faz, os instrumentos necessários para conhecer e articular com proficiência o mundo feito linguagem.

Leitura literária:
a seleção dos textos

Passando obrigatoriamente pela concepção de escola e de sociedade
que queremos, a formação do leitor envolve também a *diversidade*
como princípio norteador dos critérios de seleção e utilização dos
textos e da reflexão sobre a formação do gosto das pessoas-alunos,
não só para um vir a ser, mas também para um *aqui* e *agora*,
principalmente político. [grifos da autora]
Maria do Rosário M. Magnani. *Leitura, literatura e escola* (1989)

Quando queremos ler uma obra literária podemos ir a uma biblioteca ou a uma livraria e escolher o título, o autor ou o assunto que mais nos apraz. É desse modo que os catálogos são usualmente organizados. Em alguns lugares, as estantes também recebem denominações de ordem temática, como ficção policial e suspense, e geográfico-cultural, como literatura brasileira e literatura colonial. Se tivermos dúvidas quanto ao texto que queremos ler, podemos, ainda, consultar as resenhas dos jornais e das revistas, ouvir os amigos que já leram aquela obra, checar a propaganda sobre os lançamentos e consultar as listas de mais vendidos. Essas são algumas das maneiras pelas quais a literatura é selecionada tendo como ponto de orientação o leitor. É a chamada livre escolha que, como se pode observar, nunca é inteiramente livre, mas conduzida por uma série de fatores que vão desde a forma como os livros são organizados nos catálogos, passando pelas estantes, até aos mecanismos de incentivo ao consumo comuns à maioria dos produtos culturais. Isso para não se falar dos vários processos de seleção de ordem anterior à chegada dos livros nas livrarias, como o prestígio social dos escritores, que incentiva a escrita de textos semelhantes pelos mais novos, e os interesses econômicos e ideológicos das editoras, que as levam a publicar este ou aquele livro.

Na escola, outros fatores são acrescidos à seleção da literatura. O primeiro diz respeito aos ditames dos programas que determinam a seleção dos textos de acordo com os fins educacionais, que podem ser tanto a simples fluência da leitura, como acontece em geral nas séries iniciais, quanto a ratificação de determinados valores, incluindo-se aqui, obviamente, a cultura nacional, já no ensino médio. O segundo traz a questão da legibilidade dos textos, que, separando os leitores segundo a faixa etária ou série escolar, determina um tipo diferente de linguagem para os grupos formados com base na correlação das duas variáveis. O terceiro está relacionado às condições oferecidas para a leitura literária na escola. Infelizmente, na maioria das escolas brasileiras, a biblioteca, quando existe, é sinônimo de sala do livro didático, não tem funcionários preparados para incentivar a leitura e apresenta coleções tão reduzidas e antigas que um leitor desavisado poderia pensar que se trata de obras raras. O cenário é o mesmo nas escolas públicas e privadas, com as exceções de praxe que só justificam a regra. O quarto é decerto o mais determinante dos fatores que aqui poderiam ser listados. Trata-se do cabedal de leituras do professor. O professor é o intermediário entre o livro e aluno, seu leitor final. Os livros que ele lê ou leu são os que terminam invariavelmente nas mãos dos alunos. Isso explica, por exemplo, a permanência de certos livros no repertório escolar por décadas. É que tendo lido naquela série ou naquela idade aquele livro, o professor tende a indicá-lo para seus alunos e assim, sucessivamente, do professor para o aluno que se fez professor. Esses fatores, dentro e fora da escola, não atuam de maneira isolada um dos outros, ao contrário, combinam-se das mais variadas maneiras. Diante deles, como se pode selecionar os livros para o letramento literário?

Até pouco tempo atrás, essa questão era relativamente fácil de responder. O professor precisava apenas seguir o cânone, ou seja, aquele conjunto de obras consideradas representativas de uma determinada nação ou idioma. Se havia questões a resolver com a adequação das escolhas, elas desapareciam diante da força da tradição. Mesmo não gostando ou achando inadequado, o professor, se perguntado, respondia sempre com a mesma frase: "quem sou eu para questionar Machado de Assis", ou outro autor consagrado que constasse em sua lista de leituras indicadas. Esse mantra deixa de funcionar quando o cânone passa a ser intensamente questionado nas universidades, de início pela crítica feminista e depois por outras correntes teórico-críticas que colocam sob suspeita a representatividade das obras selecionadas, denunciando preconceitos de gênero, classe e etnia, entre outros aspectos, na formação do cânone.

Ante as críticas recebidas pelo cânone, a seleção de obras literárias tem seguido as mais variadas direções. Há aquela que ignora as discussões recentes e mantém o cânone incólume. Os professores que a seguem parecem acreditar que há uma essencialidade literária nas obras canônicas que não pode ser questionado. Essas obras trazem um ensinamento que transcende o tempo e o espaço e demandam uma profundidade de leitura fundamental para o homem que se quer letrado. É por isso que insistem na leitura do cânone e preocupam-se com o desconhecimento progressivo dele na formação do leitor. Outra direção se concentra na defesa da contemporaneidade dos textos como o critério mais adequado para a seleção da leitura escolar. Nesse caso, prevalece não só a abundância dos textos que as editoras fazem chegar às mãos dos professores para "avaliação", como também a aparente facilidade de leitura desses livros, uma vez que tratam de temas e utilizam linguagem que pertencem ao horizonte de seus potenciais leitores. Essa proximidade também ajuda a quebrar a resistência dos alunos, sobretudo dos mais jovens, mais interessados em outras formas de comunicação ou entretenimento. A mais popular das direções seguidas parece ser aquela que defende a pluralidade e a diversidade de autores, obras e gêneros na seleção de textos. Ela está apoiada nas recomendações dos textos oficiais sobre o ensino da área de linguagem e nas teorias da leitura como uma habilidade a ser construída pelo trânsito intenso de textos diferenciados em sua configuração discursiva e genérica dentro da escola. Também favorecida pela abundância de títulos disponibilizados pelo mercado, essa direção busca quebrar as hierarquias impostas pela crítica literária e abrir a escola a todas as influências, liberando os professores do peso da tradição e das exigências estéticas. Por meio dela, acredita-se que a leitura na escola passa a ser uma prática democrática que busca contemplar e refletir os mesmos princípios da sociedade da qual ela faz parte.

Porque acreditamos na legitimidade de suas proposições básicas, escolhemos essas três para ilustrar as muitas direções assumidas pela seleção atual de textos para o letramento literário na escola. Reconhecemos, entretanto, que, se tomadas isoladamente, não conduzem ao fim que se propõem. Dessa maneira, têm razão os que afirmam que não se pode pensar em letramento literário abandonando-se o cânone, pois este traz preconceitos sim, mas também guarda parte de nossa identidade cultural e não há maneira de se atingir a maturidade de leitor sem dialogar com essa herança, seja para recusá-la, seja para reformá-la, seja para ampliá-la. Até porque, admitindo ou não os críticos, haverá sempre um processo de canonização em curso quando se seleciona textos.

Esse processo e os critérios nele usados podem e devem ser democráticos, assim como contemplar a diversidade cultural e os valores da comunidade de leitores, mas nem por isso deixará de gerar exclusão e apagamento do que não foi selecionado. Nesse sentido, não há como escapar de algum tipo de seleção prévia geradora de cânones, seja aquela bem conhecida da história literária, seja aquela menos discutida do mercado que se guia pelos critérios de comercialização das obras. Nossas escolhas, como professores de Literatura ou como simples leitores, são sempre mediadas pelas instâncias que fizeram as obras chegar até nós, como já nos referimos no início deste capítulo. O que fazemos, normalmente, é selecionar dentro desse recorte o nosso próprio recorte.

Aceitar a existência do cânone como herança cultural que precisa ser trabalhada não implica prender-se ao passado em uma atitude sacralizadora das obras literárias. Assim como a adoção de obras contemporâneas não pode levar à perda da historicidade da língua e da cultura. É por isso que ao lado do princípio positivo da atualidade das obras é preciso entender a literatura para além de um conjunto de obras valorizadas como capital cultural de um país. A literatura deveria ser vista como um sistema composto de outros tantos sistemas. Um desses sistemas corresponde ao cânone, mas há vários outros, e a relação entre eles é dinâmica, ou seja, há uma interferência permanente entre os diversos sistemas. A literatura na escola tem por obrigação investir na leitura desses vários sistemas até para compreender como o discurso literário articula a pluralidade da língua e da cultura. Também é necessária a distinção entre contemporâneo e atual, mesmo que usemos os dois termos como sinônimos na adjetivação da produção literária. Obras contemporâneas são aquelas escritas e publicadas em meu tempo e obras atuais são aquelas que têm significado para mim em meu tempo, independentemente da época de sua escrita ou publicação. De modo que muitas obras contemporâneas nada representam para o leitor e obras vindas do passado são plenas de sentido para a sua vida. O letramento literário trabalhará sempre com o atual, seja ele contemporâneo ou não. É essa atualidade que gera a facilidade e o interesse de leitura dos alunos.

Por mais atraente que possa ser, a diversidade tomada como critério de seleção está longe de oferecer um porto seguro para o professor que deseja promover o letramento literário. Por trás da ideia de que essa seria a postura mais democrática a se adotar esconde-se uma concepção de literatura centrada no texto como um espaço fechado e de representação unívoca. As obras precisam ser diversificadas porque cada uma traz apenas um olhar, uma perspectiva, um modo de ver e de representar o mundo. Em lugar de relações intertextuais e um discurso que se edifica justamente com a premissa de nada prender em seu interior, a literatura na escola precisaria de obras, gêneros e autores diversificados porque o importante é acumulá-los em um painel tanto mais amplo quanto mais vazio de significado. Substitui-se, assim, a qualidade pela quantidade de textos lidos como critério de letramento. A substituição dos critérios do cânone tradicional pela liberdade de escolher os mais diferentes textos também não é tranquila para o professor. Como aparentemente não há julgamento de valor ou, mais propriamente, o único valor é a diferença, as condições de escolarização da seleção de textos não conseguem se efetivar de modo adequado. De modo virtual, todos os textos são válidos porque sempre se pode identificar uma diferença que os torna diversos e plurais e, com isso, a seleção de textos acaba sendo uma questão pessoal que escapa à escola e ao próprio conhecimento. Não surpreende, portanto, que os professores sofram a angústia do que indicar e terminem recorrendo ao mercado como referência de valor, quer visualizado no prestígio do autor (autor premiado de vários livros) ou na casa editorial (livro publicado por editora "séria"). Todavia, a diversidade é fundamental quando se compreende que o leitor não nasce feito ou que o simples fato de saber ler não transforma o indivíduo em leitor maduro. Ao contrário, crescemos como leitores quando somos desafiados por leituras progressivamente mais complexas. Portanto, é papel do professor partir daquilo que o aluno já conhece para aquilo que ele desconhece, a fim de se proporcionar o crescimento do leitor por meio da ampliação de seus horizontes de leitura.

Em síntese, o que se propõe aqui é combinar esses três critérios de seleção de textos, fazendo-os agir de forma simultânea no letramento literário. Ao selecionar um texto, o professor não deve desprezar o cânone, pois é nele que encontrará a herança cultural de sua comunidade. Também não pode se apoiar apenas na contemporaneidade dos textos, mas sim em sua atualidade. Do mesmo modo, precisa aplicar o princípio da diversidade entendido, para além da simples diferença entre os textos, como a busca da discrepância entre o conhecido e o desconhecido, o simples e o complexo, em um processo de leitura que se faz por meio da verticalização de textos e procedimentos. É assim que tem lugar na escola o novo e o velho, o trivial e o estético, o simples e o complexo e toda a miríade de textos que faz da leitura literária uma atividade de prazer e conhecimento singulares.

Selecionado o livro, é preciso trabalhá-lo adequadamente em sala de aula. Já sabemos que não basta mandar os alunos lerem. Antes que passemos às atividades que conduzem ao letramento literário na escola, entretanto, precisamos esclarecer como se processa a leitura.

O processo de leitura

> Haveria, portanto, toda uma economia da leitura que seria,
> em último caso, alimentícia: toda leitura seria um incorporar
> (um fazer tomar parte do próprio corpo) o que está fora
> e somos capazes de pôr ao nosso alcance.
> Jorge Larrosa. A experiência da leitura. *Pedagogia profana* (1998).

Minha aluna é professora de uma escola particular localizada em um bairro de classe alta. A escola tem uma biblioteca com bom acervo e um programa de incentivo à leitura. Em suas casas, os alunos convivem com pais leitores e o manuseio de livros é uma realidade desde antes da entrada na escola. São alunos saudáveis, bem alimentados e conectados com o mundo, que conhecem via internet e pessoalmente, em suas viagens de férias. Em suma, apresentam todas as condições que se consideram propícias ao desenvolvimento da leitura ou, dizendo de outra maneira, possuem as condições que, ausentes, costumam ser apontadas como razões para as dificuldades de leitura em alunos: estudam em escolas públicas, são de baixa renda, desnutridos, com pais não leitores, sem acesso a livros em casa e na escola. A despeito disso, ela, que trabalha com alunos da 4ª série do ensino fundamental, não está satisfeita com a performance de um grupo de seus alunos. Eles tomam os livros emprestados na biblioteca, adquirem aqueles que são indicados e costumam realizar as atividades pedidas. Quando solicitados, leem em voz alta com fluência, indicando que não apresentam problemas em decifrar a escrita. Mesmo assim não conseguem interpretar o texto lido. Depois de uma aula em que discutimos várias teorias de leitura, ela me trouxe o problema que a angustiava e perguntou: o que fazer para que se tornem realmente leitores?

Levo a angústia e o questionamento de minha aluna para casa. Prometo refletir sobre o assunto para que, mais tarde, possamos juntos construir uma resposta. Esse questionamento termina por me trair e confundir em uma reunião com professores da rede pública de um programa de apoio à leitura. Após as introduções de praxe, peço que me falem das dificuldades de leitura de seus alunos. O objetivo é levantar os problemas para que por meio da consciência deles se chegue a uma proposta de intervenção que melhore a formação dos leitores nas escolas. Eles traçam um quadro que já é conhecido dos relatórios de pesquisa. Escolas sem biblioteca, alunos sem poder aquisitivo, família sem o hábito da leitura e assim por diante. Um grupo de professores declara que parte de seus alunos da 7ª e 8ª séries do ensino fundamental não sabem ler, sendo esse o maior problema que enfrentam. A declaração não me surpreende de imediato, uma vez que tenho em mente o questionamento de minha aluna. Quando em resposta começo a falar sobre as dificuldades de interpretação, eles me interrompem para corrigir o equívoco. Não estão falando de interpretação, mas sim de decifração. Seus alunos não sabem decifrar a escrita, não dominam as letras, são praticamente analfabetos.

As duas situações nos fazem refletir sobre a leitura e o que sabemos sobre ela. A começar pelo que entendemos por leitura. Alberto Manguel, em *Uma história da leitura* (1996), chama a atenção para o fato de que a leitura não está restrita às letras impressas em uma página de papel. Os astrólogos leem as estrelas para prever o futuro dos homens. O músico lê as partituras para executar a sonata. A mãe lê no rosto do bebê a dor ou o prazer. O médico lê a doença na descrição dos sintomas do paciente. O agricultor lê o céu para prevenir-se da chuva. O amante lê nos olhos da amada a traição. Em todos esses gestos está a leitura, ou, como diz o autor, "todos eles compartilham com os leitores de livros a arte de decifrar e traduzir signos".[1] Essa expansão do significado da leitura encontra paralelo no extraordinário interesse que ela tem despertado em diversas áreas. Hoje temos não apenas uma história da leitura, como também uma sociologia da leitura, uma antropologia da leitura e uma psicologia da leitura, além das áreas que tradicionalmente se ocupavam do tema como a pedagogia, a linguística e os estudiosos da literatura e da linguagem em geral. O campo da leitura se expandiu de tal maneira que não se pode mais ter a pretensão de conhecer todas as suas ramificações.

De modo didático, tomando-se a leitura como um fenômeno simultaneamente cognitivo e social, pode-se reunir as diferentes teorias sobre a leitura em três grandes grupos, conforme a síntese feita por Vilson J. Leffa, em *Perspectivas no estudo da leitura: texto, leitor e interação social* (1999). O primeiro grupo está centrado no texto. Nesse caso, ler é um processo de extração do sentido que está no texto. Essa extração passa necessariamente por dois níveis: o nível das letras e palavras, que estão na superfície do texto, e o nível do significado, que é o conteúdo do texto. Quando se consegue realizar essa extração, fez-se a leitura. As dificuldades da leitura estão ligadas aos problemas da extração, ou seja, a ausência de habilidade do leitor em decifrar letras e palavras, que o impede de passar de um nível a outro ou ao grau de transparência do texto. É a leitura entendida como um processo de decodificação, por isso a ênfase está centrada sobre o código expresso no texto. O domínio do código é a condição básica para a efetivação da leitura, já que feita a decodificação o leitor terá apreendido o conteúdo do texto. Os críticos dessas teorias, chamadas ascendentes porque partem do texto para o leitor e das letras para o significado do texto, argumentam que elas estão equivocadas na ênfase que dão ao processamento linear da leitura. Ler é bem mais do que seguir uma linha de letras e palavras. Também não se restringe a uma decodificação, nem depende apenas do texto.

O segundo grupo toma o leitor como centro da leitura. São as teorias de abordagens descendentes que a definem como o ato de atribuir sentido ao texto, ou seja, partem do leitor para o texto. Desse modo, ler depende mais do leitor do que do texto. É o leitor que elabora e testa hipóteses sobre o que está no texto. É ele que cria estratégias para dizer o texto com base naquilo que já sabe sobre o texto e o mundo. Por isso, a leitura depende mais daquilo que o leitor está interessado em buscar no texto do que das palavras que estão ali escritas. Também mais importante do que o conhecimento do código é dominar as convenções da escrita. São elas que permitem ao leitor manipular os textos, inclusive prevendo o sentido deles. O deslocamento de foco do texto para o leitor é positivo porque chama a atenção para o ato de ler, mas se perde quando não considera seus resultados. Essa é a crítica principal que se faz a esse grupo de teorias da leitura. Ao privilegiar o leitor no processo da leitura, essas teorias terminam por ignorar que o sentido atribuído ao texto não é um gesto arbitrário, mas sim uma construção social. Além disso, se as antecipações que o leitor faz ao ler os textos são importantes, elas podem igualmente levá-lo a ignorar o significado do texto, lendo apenas aquilo que deseja ler.

As teorias consideradas conciliatórias são aquelas que compõem o terceiro grupo. Para elas, o leitor é tão importante quanto o texto, sendo a leitura o resultado de uma interação. Trata-se, pois, de um diálogo ente autor e leitor mediado pelo texto, que é construído por ambos nesse processo de interação. O ato de ler, mesmo realizado individualmente, torna-se uma atividade social. O significado deixa de ser uma questão que diz respeito apenas ao leitor e ao texto para ser controlado pela sociedade. A leitura é o resultado de uma série de convenções que uma comunidade estabelece para a comunicação entre seus membros e fora dela. Aprender a ler é mais do que adquirir uma habilidade, e ser leitor vai além de possuir um hábito ou atividade regular. Aprender a ler e ser leitor são práticas sociais que medeiam e transformam as relações humanas. Certamente por entender que essas teorias, que também subscrevemos em nossa reflexão, incorporam as duas anteriores, Leffa não traz as críticas que elas têm sofrido. Todavia, não é difícil perceber que quando tomamos a leitura como prática social, corremos o risco de perder a individualidade de cada leitura, o que nos leva de volta ao texto.

Na verdade, esses três modos de compreender a leitura devem ser pensados como um processo linear. A primeira etapa, que vamos chamar de *antecipação*, consiste nas várias operações que o leitor realiza antes de penetrar no texto propriamente dito. Nesse caso, são relevantes tanto os objetivos da leitura, que levam o leitor a adotar posturas diferenciadas ante o texto – não lemos da mesma maneira um poema e uma receita de bolo – quanto os elementos que compõem a materialidade do texto, como a capa, o título, o número de páginas, entre outros. A leitura começa nessa antecipação que fazemos do que diz o texto. A segunda etapa é a *decifração*. Entramos no texto através das letras e das palavras. Quanto maior é a nossa familiaridade e o domínio delas, mais fácil é a decifração. Um leitor iniciante despenderá um tempo considerável na decifração e ela se configurará como uma muralha praticamente intransponível para aqueles que não foram alfabetizados. Um leitor maduro decifra o texto com tal fluidez que muitas vezes ignora palavras escritas de modo errado e não se detém se desconhece o significado preciso de uma palavra, pois a recupera no contexto. Aliás, usualmente ele nem percebe a decifração como uma etapa do processo da leitura. Denominamos a terceira etapa de *interpretação*. Embora a interpretação seja com frequência tomada como sinônimo da leitura, aqui queremos restringir seu sentido às relações estabelecidas pelo leitor quando processa o texto. O centro desse processamento são as inferências que levam o leitor a entretecer as palavras com o conhecimento que tem do mundo. Por meio da interpretação, o leitor negocia o sentido do texto, em um diálogo que envolve autor, leitor e comunidade. A interpretação depende, assim, do que escreveu o autor, do que leu o leitor e das convenções que regulam a leitura em uma determinada sociedade. Interpretar é dialogar com o texto tendo como limite o contexto. Esse contexto é de mão dupla: tanto é aquele dado pelo texto quanto o dado pelo leitor; um e outro precisam convergir para que a leitura adquira sentido. Essa convergência dá-se pelas referências à cultura na qual se localizam o autor e o leitor, assim como por força das constrições que a comunidade do leitor impõe ao ato de ler. O contexto é, pois, simultaneamente aquilo que está no texto, que vem com ele, e aquilo que uma comunidade de leitores julga como próprio da leitura.

Com a interpretação se fecha o ciclo primeiro e imediato da leitura, isto é, o processo de leitura completa seu primeiro estágio quando cumprimos essas três etapas. Foi esse processo que procurei explicar à minha aluna. Seus alunos estavam realizando de forma adequada a etapa da decifração, como ela testemunhava quando liam em voz alta, mas falhavam em algum momento da antecipação e/ou da interpretação. Para identificar as dificuldades que enfrentavam para completar o processo de leitura era preciso realizar uma investigação. Decidida a entender melhor o que acontecia com seus alunos, ela escolheu esse assunto para fazer sua monografia de conclusão de curso.

Quando falei sobre como entendia o processo de leitura para os professores do programa de apoio à leitura, eles ficaram um tanto desconfiados de que havia muita "academia" nas minhas ponderações. Aconselhei, então, que fizessem uma experiência com seus próprios alunos. Para verificar como funcionava a antecipação, o professor deveria levar a turma à biblioteca e solicitar que escolhessem um livro qualquer. Depois, de volta à sala de aula, deveria pedir que justificassem a escolha dizendo não apenas porque haviam escolhido aquele livro, mas o que julgavam que ele continha para lhes interessar como objeto de leitura. Para a decifração, fizemos nós mesmos a experiência. Usando um soneto com palavras inventadas, mas com a estrutura morfológica do português, foi possível perceber que a despeito de tudo o que conhecíamos sobre poesia não era possível ultrapassar a opacidade das palavras.[2] Quase um ano depois, um dos professores enviou-me um e-mail com um pequeno texto com as letras trocadas, demonstrando que mesmo assim era possível lê-lo.[3] Para esse professor, a leitura desse texto era o reverso da experiência, mas comprovava a força de decifração: conseguíamos ler o texto com as letras trocadas simplesmente porque já conhecíamos aquelas palavras.

Por fim, para demonstrar o funcionamento da interpretação, lemos juntos um conto de Murilo Rubião, *Botão de Rosa*, que tem como intertexto a paixão de Cristo.[4] Se o leitor despreza esse intertexto, perde grande parte da leitura. Quando se levanta o intertexto, entretanto, recupera-se o aparente absurdo do texto em uma alegoria que espelha de forma contundente o funcionamento da nossa sociedade. É claro que essa recuperação está determinada, por um lado, pela familiaridade que nós leitores temos com a cultura cristã, o significado simbólico da vida e morte de Jesus Cristo. Por outro, conta o conhecimento da linguagem literária, da alegoria como mecanismo de intertextualidade e da obra de Rubião como um todo, na qual a *Bíblia* sempre se faz explicitamente presente por meio de epígrafes.

São essas três etapas do processo de leitura que guiam a nossa proposta de letramento literário, conforme detalharemos nos capítulos da segunda parte deste livro.

Notas

[1] Alberto Manguel, Uma história da leitura, São Paulo, Companhia das Letras, 1996, p. 19.

[2] O soneto utilizado foi o poema de José Augusto de Carvalho, intitulado *Encomióstico*. O poema pode ser encontrado no site <http://andersonbrito.blogspot.com/> e foi postado em 11 de outubro de 2004.

Encomióstico

Na esbóltica tesnalha de cavílica,
Escomirando a flântula combúria,
Cautolosia o serpifal da escúria,
Com três hipóticos getais de fílica.

Porém, no pifo, atrás da massenúria
Contamilando a estáfila clastílica,
Cortenovava a sístola esmepílica,
Com menões, com terris e sem mortúria.

E esses portoses áltios se rortam
Na extrêmica perfina do terfalho,
Enquanto as tílicas emchunda se amortam!

E nessa alvítica chalinda em balho,
Eu me consfilio, e em sínase se extortam
Os comaris dos sanafrais de analho!

[3] Trata-se de uma versão em português de um texto em inglês que circulou na internet em 2003. O texto em inglês é: "Aoccdrnig to a rscheearch at an Elingsh uinervtisy, it deosn't mttaer in waht oredr the ltteers in a wrod are, the olny iprmoetnt tihng is taht frist and lsat ltteer is at the rghit pclae. The rset can be a toatl mses and you can sitll raed it wouthit porbelm. Tihs is bcuseae we do not raed ervey lteter by it slef but the wrod as a wlohe. Ceehiro". A versão em português é: "De aorcdo com uma pqsieusa de uma uinrvesriddae

ignlsea, não ipomtra em qaul odrem as lrteas de uma plravaa etãso, a úncia csioa iprotmatne é que a piremria e útmlia lrteas etejasm no lgaur crteo. O rseto pdoe ser uma ttaol bçguana que vcoê pdoe anida ler sem pobrlmea. Itso é poqrue nós não lmeos cdaa lrtea isladoa, mas a plravaa cmoo um tdoo. Vdaerde!"

[4] Ainda que complexo por seu conteúdo alegórico, o conto começa com a iminente prisão de Botão de Rosa. Ele é um cantor de rock que é preso, inicialmente, sob a acusação de estupro e de ter engravidado as mulheres de uma cidade. Depois, a acusação é transformada para tráfico de drogas. A personagem já espera a prisão e não apresenta qualquer defesa. Tem 12 companheiros, um dos quais chamado Judô seria o autor de uma carta em que se denuncia o crime do tráfico. O advogado de Botão de Rosa reconhece sua inocência, mas diante da atitude do juiz e dos promotores termina cedendo à condenação de morte. Sem apresentar qualquer defesa ou resistência, Botão de Rosa aceita a condenação de morte na forca. O conto termina com o oferecimento do pescoço ao carrasco.

Estratégias para o ensino da literatura: a sistematização necessária

A tarefa de uma metodologia voltada para o ensino da literatura está em, a partir dessa realidade cheia de contradições, pensar a obra e o leitor e, com base nessa interação, propor meios de ação que coordenem esforços, solidarizem a participação nestes e considerem o principal interessado no processo: o aluno e suas necessidades enquanto leitor, numa sociedade em transformação.

Maria da Glória Bordini e Vera Teixeira Aguiar. *Literatura: a formação do leitor – alternativas metodológicas* (1988).

No biênio 1994-1995, realizamos, em conjunto com duas colegas da Universidade Federal de Pelotas e uma equipe de seis dedicados alunos-bolsistas, uma extensa pesquisa sobre o ensino de Literatura em Pelotas. O estudo teve como objetivo analisar, a partir da perspectiva dos professores, o funcionamento dessa matéria no ensino médio. Os instrumentos usados foram questionários e entrevistas com quase a totalidade dos professores de Literatura da cidade das escolas das redes federal, estadual e municipal. Um dos tópicos abordados foi a descrição das atividades realizadas como parte das aulas de Literatura. De um modo geral, os professores de Literatura, existindo ou não uma disciplina com tal denominação na grade curricular, adotavam como práticas das aulas a exposição e crítica oral do texto lido pelos alunos, compreendendo desde debates sobre o tema da obra até dramatizações de trechos e o júri simulado de personagens. Havia também a exigência da leitura compreensiva, verificada pelos comentários sobre o texto, relatórios e fichas de leituras, ao lado de atividades voltadas para a identificação das características do autor e das personagens, para a ligação temática entre a obra e o presente do aluno e a atualidade social do país, além de seminários que abordavam algum aspecto da obra lida ou faziam comparações entre diferentes textos.

Quase uma década depois, em 2003, participei do 4º Congresso da Associação Internacional para o Desenvolvimento da Língua Materna (IAIMTE), cujo tema central era o papel da literatura no ensino da língua materna. Em uma das mesas-redondas, ouvi de uma professora da Universidade de Helsinski, que havia realizado um estudo similar ao conduzido por nós, uma breve descrição das práticas de sala de aula dos professores de Literatura em cursos da área de saúde e assistência social. De acordo com Aino-Maija Lahtine, em *Literature teaching in Health Care and Social sector Education* (2003), as atividades usadas com mais frequência por esses professores finlandeses de Literatura são a apresentação e discussão em sala de aula das leituras feitas anteriormente; discussão baseada na leitura de um único livro; o estudo temático; a apresentação de trabalho de grupo; a escrita de ensaio; a comparação de vários livros de acordo com o tema; a dramatização; a crítica literária e o diário de leitura.

Não é difícil perceber que, guardadas as diferenças de contexto e objetivos, as duas pesquisas indicam que há várias semelhanças nas atividades realizadas nas aulas de Literatura aqui e lá. Desse modo, quando o professor determina a leitura de obras literárias, sua primeira ação parece ser a de comprovação da leitura, ou seja, conferir se o aluno leu efetivamente o texto. Depois, ele busca ampliar essa primeira leitura para outras abordagens que envolvem a crítica literária e outras relações entre o texto, o aluno e a sociedade. Esses dois movimentos estão instintivamente corretos, mas precisam ser organizados. É necessário que sejam sistematizados em um todo que permita ao professor e ao aluno fazer da leitura literária uma prática significativa para eles e para a comunidade em que estão inseridos, uma prática que tenha como sustentação a própria força da literatura, sua capacidade de nos ajudar a dizer o mundo e a nos dizer a nós mesmos. Uma prática, em suma, que tenha como princípio e fim o letramento literário, cujos pressupostos buscamos explicitar na primeira parte deste livro.

Nesse sentido, a orientação fundamental é que o letramento literário precisa acompanhar, por um lado, as três etapas do processo de leitura e, por outro, o saber literário. No caso desse último, convém ter em mente a distinção feita por M. A. K. Halliday em relação à aprendizagem da linguagem, ou seja, a literatura é uma linguagem que compreende três tipos de aprendizagem: a aprendizagem da literatura, que consiste fundamentalmente em experienciar o mundo por meio da palavra; a aprendizagem sobre a literatura, que envolve conhecimentos de história, teoria e crítica; e a aprendizagem por meio da literatura, nesse caso os saberes e as habilidades que a prática da literatura proporciona aos seus usuários. As aulas de literatura tradicionais, como já vimos, oscilam entre essas duas últimas aprendizagens e, praticamente, ignoram a primeira, que deveria ser o ponto central das atividades envolvendo literatura na escola.

Para redimensionar essas aprendizagens de forma que conduzam de modo satisfatório o processo do letramento literário é que propomos novo caminho. Seus pressupostos, que tentamos tornar explícitos na primeira parte deste livro, determinam, em primeiro lugar, que o ensino da literatura deve ter como centro a experiência do literário. Nessa perspectiva, é tão importante a leitura do texto literário quanto as respostas que construímos para ela. As práticas de sala de aula precisam contemplar o processo de letramento literário e não apenas a mera leitura das obras. A literatura é uma prática e um discurso, cujo funcionamento deve ser compreendido criticamente pelo aluno. Cabe ao professor fortalecer essa disposição crítica, levando seus alunos a ultrapassar o simples consumo de textos literários.

Depois, buscamos deixar claro que a literatura não pode ser reduzida ao sistema canônico. Na verdade, como argumenta Itamar Even-Zohar em *Polysistem studies* (1990), ela é constituída por um conjunto de sistemas. Trata-se, pois, de um polissistema, que compreende as várias manifestações literárias. Esses sistemas, em conjunto com o sistema canônico, precisam ser contemplados na escola, assim como as ligações que mantêm com outras artes e saberes. É essa visão mais ampla da literatura que deve guiar o professor na seleção das obras.

Por fim, adotamos como princípio do letramento literário a construção de uma comunidade de leitores. É essa comunidade que oferecerá um repertório, uma moldura cultural dentro da qual o leitor poderá se mover e construir o mundo e a ele mesmo. Para tanto, é necessário que o ensino da Literatura efetive um movimento contínuo de leitura, partindo do conhecido para o desconhecido, do simples para o complexo, do semelhante para o diferente, com o objetivo de ampliar e consolidar o repertório cultural do aluno. Nesse caso, é importante ressaltar que tanto a seleção das obras quanto as práticas de sala de aula devem acompanhar esse movimento.

Articulando esses pressupostos para torná-los presentes na escola, o caminho que propomos sistematiza as atividades das aulas de Literatura em duas sequências exemplares: uma básica e outra expandida. Naturalmente, há entre essas duas sequências muitas possibilidades de combinação que se multiplicam de acordo com os interesses, textos e contexto da comunidade de leitores. Além disso, nem a sequência básica nem a expandida devem ser tomadas como limites do baixo e do alto, aos quais não se pode ultrapassar. Ao contrário, nosso objetivo é apresentar duas possibilidades concretas de organização das estratégias a serem usadas nas aulas de Literatura do ensino básico. Por isso consideramos essas duas sequências exemplares e não modelares, visto que desejamos que sejam vistas como exemplos do que pode ser feito e não modelos que devem ser seguidos cegamente.

Essas sequências procuram sistematizar a abordagem do material literário em sala de aula integrando, fundamentalmente, três perspectivas metodológicas. A primeira dessas perspectivas é a técnica bem conhecida da oficina. Sob a máxima do aprender a fazer fazendo, ela consiste em levar o aluno a construir pela prática seu conhecimento. Em nosso caso, o princípio da oficina se faz presente na alternância entre as atividades de leitura e escrita, isto é, para cada atividade de leitura é preciso fazer corresponder uma atividade de escrita ou registro. Também é a base de onde se projetam as atividades lúdicas ou associadas à criatividade verbal que unem as sequências. A segunda perspectiva é a técnica do andaime. Trata-se de dividir com o aluno e, em alguns casos, transferir para ele a edificação do conhecimento. Ao professor, cabe atuar como um andaime, sustentando as atividades a serem desenvolvidas de maneira autônoma pelos alunos. Em nossa proposta, o andaime está ligado às atividades de reconstrução do saber literário, que envolvem pesquisa e desenvolvimento de projetos por parte dos alunos. A terceira perspectiva é a do *portfolio*. Tomado de empréstimo das áreas de publicidade e finanças, passando pelas artes visuais, o uso do *portfolio* oferece ao aluno e ao professor a possibilidade de registrar as diversas atividades realizadas em um curso, ao mesmo tempo em que permite a visualização do crescimento alcançado pela comparação dos resultados iniciais com os últimos, quer seja do aluno, quer seja da turma. É essa dualidade de registro do *portfolio* que nos interessa acentuar no encadeamento das atividades que sustentam as duas sequências, pois ela auxiliará o fortalecimento do leitor à medida que ele participa de sua comunidade.

Nos próximos dois capítulos, explicitaremos o funcionamento dessas duas sequências passo a passo, para que seja permitido ao professor, acompanhando o desenvolvimento do método, visualizar outras possibilidades de sistematização de sua prática de sala de aula. Além disso, vamos dispor, em um anexo, de uma série de atividades que poderão orientar a execução particularizada de cada passo das duas sequências. É desnecessário dizer que cabe ao professor determinar o que pode ser efetivamente usado em sua turma e em sua escola, desde que cumpra os princípios teóricos e metodológicos da proposta aqui apresentada.

A sequência básica

> É a propósito da literatura que a importância do sentido do
> texto se manifesta em toda a sua plenitude. É essa plenitude
> de sentido o começo, o meio e o fim de qualquer trabalho
> com o texto. Todas as atividades escolares das quais
> o texto participa precisam ter sentido, para que o texto
> resguarde seu significado maior.
> Marisa Lajolo. O texto não é pretexto. *Leitura em crise na*
> *escola: as alternativas do professor* (1986).

A sequência básica do letramento literário na escola, conforme propomos aqui, é constituída por quatro passos: motivação, introdução, leitura e interpretação. A seguir, buscaremos explicitar e ilustrar cada um deles.

Motivação

Em uma manhã fria do final de julho de 1991, dentro de um grande ginásio de esportes da Universidade de Campinas, encontravam-se reunidos professores das mais diversas procedências para discutir uma questão que preocupava a todos: a leitura. Tratava-se do 8º Cole – Congresso de Leitura do Brasil, organizado a cada dois anos pela Associação de Leitura do Brasil. Entre as muitas atividades que três professores do Departamento de Letras da Universidade Federal do Acre se dividiam para atender, acabei em uma mesa-redonda que tratava do papel pedagógico da literatura. A opção não fora inteiramente aleatória, já que minhas duas colegas estavam mais ligadas à linguística e à língua portuguesa do que à literatura, embora tudo nos interessasse, seja pelo sabor de novidade de várias das questões discutidas, seja pelas muitas propostas de melhoria do ensino na área. Os palestrantes daquela mesa-redonda defendiam com entusiasmo contagiante a força educativa da literatura e sua importância na formação e no exercício profissional dos professores.

O entusiasmo, as ideias e os relatos de experiências bem-sucedidas daquele 8º Cole atravessaram positivamente minha atuação docente e chegaram à equipe de Língua Portuguesa e Literatura da Secretaria de Educação do Acre.[1] Essa equipe estava disposta a renovar o ensino da leitura e da escrita no estado e juntos realizamos uma série de atividades para professores da área. Um desses cursos fora destinado a professores que atuavam nos bancos de livros ou nas bibliotecas escolares. Tratava-se de uma clientela muito especial. A equipe havia constatado que grande parte desses professores não havia sido preparada de modo adequado para exercer a nova função. Na verdade, o banco do livro e a biblioteca funcionavam, informalmente, como uma aposentadoria não-declarada. Seja por motivo de saúde, seja por outras questões de exaustão profissional, o professor passava à função de guardador de livros quando não conseguia mais exercer seu trabalho original, que era a regência da sala de aula. O resultado é que esses professores apresentavam não apenas despreparo, como também desinteresse pelo novo trabalho. Para a equipe da Secretaria de Educação, a revitalização da leitura na escola dependia fundamentalmente do apoio desses profissionais. Por isso, organizamos um curso dividido em duas partes. Uma primeira, mais geral, destinada a despertar nos profissionais a consciência de que a leitura envolve saber e prazer. Uma segunda, mais específica, voltada para a organização da biblioteca escolar.

Com a responsabilidade de ministrar a parte mais geral do curso, optamos por usar oficinas de criatividade verbal em lugar de aulas expositivas sobre a importância da leitura na escola. Fora dos moldes tradicionais dos cursos que até então tinham feito, os professores reagiram, a princípio, com certa descrença. Alguns chegaram a questionar em voz alta a utilidade e o fim daquelas atividades aparentemente desligadas de sua função de guardadores de livros. Aos poucos, entretanto, seguindo o fluxo das atividades, começaram a participar, a rir e a descobrir que ler e escrever rimam com prazer e que a biblioteca escolar é muito mais do que o lugar onde se guardam os livros.

Uma das atividades que mais despertou a atenção dos professores foi aquela que denominamos Catalogando os Livros. É uma atividade simples que procura explorar a antecipação que o leitor faz diante do título de um livro. Em um primeiro momento, o professor informa aos alunos que a bibliotecária da escola precisa de ajuda. Muitos livros foram adquiridos e ela precisa catalogá-los para que sejam disponibilizados aos leitores o mais rápido possível. Infelizmente, continua o professor, os livros ainda estão em caixas, mas há uma lista dos títulos e o trabalho já pode começar a ser feito. Em seguida, apresenta-se aos alunos essa lista de títulos de livros para que, baseados no que o título sugere, apresentem a área de conhecimento e façam uma síntese do conteúdo. Ao final, o professor pode levar o aluno à biblioteca para que recolha aqueles livros. De posse deles, os alunos devem comparar suas suposições com as informações de capa, catalogação, textos de apresentação das orelhas ou contracapa. Naturalmente, fica o desafio para a leitura do livro selecionado ou daqueles livros que foram mais próximos e/ou mais divergentes da expectativa.

No caso dos professores-bibliotecários, usamos títulos de contos e poemas, porque não havia disponibilidade de tempo para leituras mais prolongadas. A visita à biblioteca serviu para que eles localizassem os livros onde aqueles contos e poemas estavam inseridos. Isso possibilitou que compreendessem que os sentidos dos textos não são dados apenas pelas palavras escritas, mas também pelo modo como são organizados. Além do mais, a inserção do texto dentro do seu contexto determinou que a leitura feita depois fosse enriquecida com esses elementos extratextuais, ganhando, assim, uma perspectiva mais abrangente.

Uma questão relevante foi a reação desses alunos ante o comando da atividade. A princípio, como estavam muito preocupados com o trabalho que lhes seria exigido depois de concluído o curso, vários deles tomaram as instruções iniciais a sério. Apenas após solicitarmos a escrita da síntese sem a presença dos livros é que perceberam tratar-se de uma atividade de leitura. É claro que para isso colaborou a nossa própria atitude de apresentar a tarefa como uma demanda real da colega bibliotecária. Esse princípio do faz de conta mostrou-se essencial na maioria das atividades de motivação que temos usado desde então. Crianças, adolescentes e adultos embarcam com mais entusiasmo nas propostas de motivação e, consequentemente, na leitura quando há uma moldura, uma situação que lhes permite interagir de modo criativo com as palavras. É como se a necessidade de imaginar uma solução para um problema ou de prever determinada ação os conectasse diretamente com o mundo da ficção e da poesia, abrindo portas e pavimentando caminhos para a experiência literária.

Ao final do curso, os alunos reconheceram que não costumavam ler textos literários. Aliás, não liam livros em geral. O modo como lhes havia sido introduzida a leitura literária, porém, permitira que descobrissem que gostavam de ler, que os livros faziam parte de suas vidas e que as escolas precisavam dos livros e dependia deles ajudar os professores que estavam nas salas de aula a fazer da leitura uma atividade de saber e prazer. Muitos saíram com planos para modificar as condições de leitura existentes em suas escolas. Muitos começaram a sonhar com uma verdadeira biblioteca.

Meses depois de oferecido o curso para os professores-bibliotecários, recebemos convites para visitar as escolas. Em uma delas, entramos em uma sala pequena que antes não passava, segundo depoimento da própria professora-bibliotecária, de um amontoado de livros, jogados em prateleiras. Esses livros, na sua maioria didáticos, eram entregues aos professores e alunos por uma porta-janela feita balcão justamente para impedir a entrada de visitantes. Agora, porém, o depósito de livros havia se transformado em uma sala de leitura. O novo nome brilhava em letras feitas em papel-cartão vermelho recoberto com purpurina. Os livros, organizados nas prateleiras com indicações de conteúdo, deixaram de ser exclusivamente os didáticos. Uma bem-sucedida campanha de arrecadação de livros para a escola diversificou o acervo. A fim de resolver o problema do tamanho da sala, um tapete fora colocado no centro com almofadas para que os leitores ficassem à vontade. No corredor que dava acesso à sala de leitura, havia cadeiras e mesas dobráveis, que eram oferecidas aos alunos que desejassem fazer consultas no local. Ao ver aquele quadro colorido e a satisfação da professora-bibliotecária em apresentá-lo para mim, compreendi que as atividades de leitura realizadas no curso alcançaram um objetivo maior do que o pretendido de início. Aquela professora-biliotecária havia encontrado outra vez o sentido da sua profissão.

A descoberta da literatura por esses professores-bibliotecários mostrou-me claramente que a leitura demanda uma preparação, uma antecipação, cujos mecanismos passam despercebidos porque nos parecem muitos naturais. Na escola, essa preparação requer que o professor a conduza de maneira a favorecer o processo da leitura como um todo. Ao denominar *motivação* a esse primeiro passo da sequência básica do letramento literário, indicamos que seu núcleo consiste exatamente em preparar o aluno para entrar no texto. O sucesso inicial do encontro do leitor com a obra depende de boa motivação.

Nesse sentido, cumpre observar que as mais bem-sucedidas práticas de motivação são aquelas que estabelecem laços estreitos com o texto que se vai ler a seguir. A construção de uma situação em que os alunos devem responder a uma questão ou posicionar-se diante de um tema é uma das maneiras usuais de construção da motivação. Um exemplo é a motivação realizada para a leitura do conto "O herói", de Domingo Pellegrini (*Tempo de menino*, 1991), que trata do súbito e doloroso amadurecimento de um garoto perante a morte de seu cachorro. Tomando como base o núcleo dramático da história, a motivação, que chamamos de rito de passagem, consiste em conversar com os alunos sobre as diferenças entre o mundo dos adultos e das crianças. Em seguida, solicita-se que anotem o que consideram comportamento adulto. As definições devem ser lidas para a turma e discutidas de maneira breve. Em um segundo momento, o professor solicita que os alunos escrevam o que acham necessário para se chegar à maturidade. O texto produzido nessa motivação pode ser utilizado para introduzir a interpretação no final da sequência básica. Outra motivação procurou explorar o tema da saudade como preparação da leitura do poema "Pobre Velha Música", de Fernando Pessoa (1981). Nesse caso, a motivação, denominada Recordar é viver, inicia-se com o professor colocando a seguinte situação: por serem muito estudiosos, todos os alunos daquela turma acabam de receber um bilhete na máquina do tempo e têm a liberdade de escolher a que ponto no tempo e no espaço gostariam de retornar. Esses dados são anotados no quadro-negro pelo professor, que, verificando coincidências de tempo e/ou de espaço entre os alunos, deve dividir a turma em grupos segundo essas coincidências e determinar que façam a "viagem" juntos e apresentem um relatório sucinto do que sentiram ao regressar ao presente.

Esses exemplos mostram o funcionamento básico da motivação. Devemos observar, entretanto, que a aproximação do aluno com a obra objeto da leitura literária feita pela motivação não precisa ser sempre de ordem temática, embora essa seja a ligação mais usual. Na motivação da leitura do poema "A Palavra Seda", de João Cabral de Melo Neto (1994), procuramos enfatizar mais o procedimento de construção do poema do que uma relação propriamente temática. Essa motivação, chamada *Dicionário particular*, consiste em propor à turma a elaboração de um dicionário, definindo de forma imaginária algumas palavras. Antes de fazer a proposta de definição, o professor introduz a questão apresentando aos alunos um dicionário enciclopédico do qual selecionou lugares, pessoas e objetos de nomes inusitados. Em seguida, chama a atenção dos alunos para as associações que as palavras nos remetem, nem sempre efetivadas na sua definição. Também convém lembrar aos alunos que as definições são construídas a partir de um sentido etimológico para um sentido de uso, com descrições, relações e situações que exemplificam ou oferecem uma imagem daquilo que está sendo definido. Feitas essas observações, o professor incumbe os alunos de definirem um grupo de palavras estranhas para compor seu dicionário. Ao final, as definições são compartilhadas por todos e confrontadas com os verbetes do dicionário. Já na motivação utilizada para a leitura do conto "Fita verde no cabelo", de Guimarães Rosa (1981), buscamos fazer o aluno interagir tanto com o princípio estrutural do texto quanto com sua temática. A motivação, denominada *Contos de fadas hoje*, parte da memória dos alunos. Em uma breve atividade oral, o professor solicita que relembrem de contos de fadas e os anota no quadro-negro. Após ouvir o relato de alguns contos, o professor divide os alunos em grupo e entrega um ou dois papéis enrolados contendo nomes de objetos modernos, tais como liquidificador, telefone, televisão etc. A tarefa é recontar o conto de fada incorporando esses objetos de forma coerente. Para encerrar, todos devem ler seus contos de fadas modernizados.

De modo geral, as motivações que propusemos sempre foram bem recebidas pelos alunos. Acreditamos firmemente que o elemento lúdico que elas contêm ajudaram a aprofundar a leitura da obra literária. Todavia, alguns professores que tomaram contato prévio com a nossa proposta trouxeram um questionamento importante para a compreensão do caráter dessas atividades. Eles se indagavam se a motivação, estruturada na forma como a estávamos propondo, não terminava por induzir de modo excessivo a leitura do aluno para um único aspecto da obra, gerando uma delimitação em lugar da ampliação dos sentidos do texto. Em outras palavras, eles concordavam com a necessidade de motivação, mas temiam que a nossa motivação fosse por demais condutora da leitura literária, levando a um empobrecimento do texto ou, pior, a um cerceamento da interpretação do aluno, uma vez que trazia em si, explícita ou implicitamente, a interpretação do professor. Nesse caso é preciso lembrar que a motivação prepara o leitor para receber o texto, mas não silencia nem o texto nem o leitor. É preciso confiar mais em ambos, sobretudo quando tratamos de leitura literária. Naturalmente, a motivação exerce uma influência sobre as expectativas do leitor, mas não tem o poder de determinar sua leitura. Aliás, influências sempre existem em qualquer processo de leitura.

A questão, então, não é se a motivação exerce ou não influência, mas sim se essa influência é bem-vinda ou desejada pelo professor no trabalho que pretende realizar com seus alunos. Aqui vale a pena lembrar que a didatização da literatura é um mecanismo escolar legítimo, conforme explicitamos no capítulo "A leitura escolarizada". Cabe ao professor, portanto, interferir no planejamento ou na execução da motivação quando perceber que ela está prejudicando e não ajudando o letramento literário.

Outro ponto relevante na execução da motivação é que a temos praticado envolvendo conjuntamente atividades de leitura, escrita e oralidade. Não se pressupõe que seja sempre assim. Algumas motivações exclusivamente orais ou escritas se mostraram igualmente positivas. Todavia, compor a motivação com uma atividade integrada de leitura, escrita e oral parece ser uma medida relevante para a prática do ensino de língua materna na escola. Além disso, essas atividades integradas de motivação tornam evidente que não há sentido em separar o ensino da literatura do ensino de língua portuguesa porque um está contido no outro.

Há, entretanto, um cuidado que se deve tomar em relação às atividades integradas de leitura, escrita e oral como motivação. Por envolverem três momentos, elas tendem a se prolongar e o objetivo de motivar para a leitura literária pode se perder. O limite da motivação dentro de nossa proposta costuma ser de uma aula. Se ela necessitar passar disso, certamente não cumprirá seu papel dentro da sequência. Alguns de meus alunos que têm trabalhado a sequência básica preferem realizar a motivação no início de uma aula mais longa para dela passar de imediato à introdução.

Introdução

Chamamos de introdução a apresentação do autor e da obra. Para ilustrar a importância da introdução na leitura literária, vou relatar uma resposta que surpreendeu a todos nós, alunos e professor da disciplina Metodologia do Ensino da Literatura, do curso de Letras da Universidade Federal de Pelotas. Desde então, tenho usado essa resposta como exemplo de que muitas vezes o modo como realizamos determinadas ações significa mais do que as palavras que usamos para explicitá-las.

O curso de Metodologia do Ensino de Literatura era dividido em duas partes. Uma primeira em que os alunos analisavam com o professor os pressupostos do ensino da literatura e uma segunda em que planejavam e executavam uma atividade de extensão. Em 1999, chamamos essa atividade de Círculo de Leitura – Os prazeres da literatura. O objetivo era oferecer à comunidade do ensino secundário a experiência da leitura literária de textos contemporâneos. O critério geral de seleção dos textos estava baseado, por um lado, no reconhecimento de que as escolas secundárias pouco ou quase nada trabalhavam a produção da literatura brasileira contemporânea e, por outro, na constatação de que os alunos do curso de Letras possuíam maior familiaridade com a literatura brasileira.

Embora o curso fosse aberto a qualquer interessado, desde que estivesse cursando o ensino secundário ou o tivesse completo, uma parte da clientela foi formada por vestibulandos, mais especificamente alunos de um curso de pré-vestibular organizado pelo Diretório Central dos Estudantes da UFPel. Ao discutir a proposta do curso com os organizadores do pré-vestibular, alertamos de que não se tratava de preparação para o concurso, mas sim uma atividade formadora. Essa explicação foi suficiente para os alunos que já haviam ingressado na universidade, mas pouco convincente para os pré-vestibulandos. Com razão, acreditavam que a formação se fazia na escola e a preparação para o vestibular no cursinho. Eram duas realidades bem diferentes. Todavia, talvez a possibilidade de fazer um curso oficial, com direito a certificado e tudo mais, ou a crença algo ingênua de que teriam acesso a material privilegiado da universidade, terminou por convencer um grupo deles, o suficiente para constituir duas turmas.

Ao final da extensão, aplicamos uma ficha de avaliação destinada a examinar não somente o trabalho dos alunos de Metodologia do Ensino da Literatura, segundo a opinião dos participantes, como também a atividade em si, de acordo com as expectativas e surpresas das pessoas que nele se inscreveram. Os alunos do cursinho pré-vestibular foram unânimes em reconhecer na atividade uma experiência positiva. Vários declaravam que a extensão superara suas expectativas. Alguns chegaram a afirmar que passaram a ver de maneira diferente o curso de Letras, e dentre eles houve quem se sentisse motivado a realizar vestibular para essa carreira. A conclusão geral poderia ser resumida na frase de um desses alunos. Ele, que confessava ter vindo para a extensão pensando unicamente no vestibular, terminara concluindo que havia ido muito além, porque havia descoberto a interpretação e interpretar não fazia parte apenas da Língua Portuguesa, mas de tudo.

Todavia, as respostas mais interessantes estavam no espaço destinado a comentários pessoais sobre a atividade. Foi ali que encontramos o comentário surpreendente de uma aluna que dizia ter vindo para a atividade sem acreditar muito no que ela poderia lhe oferecer, mas que, ao seu final, admitia ter se divertido e aprendido muito. O melhor mesmo fora que a leitura não havia sido imposta, como era hábito nas aulas de literatura do ensino secundário. Ali, relatou, ela tivera a oportunidade de escolher o texto e ler por si mesma.

Inicialmente, ao lermos esse comentário, consideramos que a aluna se equivocara. Afinal, todos os textos lidos na extensão foram selecionados e preparados de antemão, sob a supervisão do professor, pelos alunos-ministrantes. Logo, não havia a possibilidade de "livre" escolha como parecia sugerir a aluna do pré-vestibular. Aquela resposta, entretanto, surpreendia e intrigava os alunos-ministrantes porque a produção dessa aluna era uma das mais interessantes da turma, evidenciando que se tratava de uma pessoa com desempenho intelectual acima da média. O que líamos como equívoco simplesmente não combinava com o perfil da aluna. Uma explicação mais convincente ocorreu quando juntamos a resposta com outra referente à indagação sobre a diferença entre aquele curso de extensão e as aulas regulares na escola e no cursinho pré-vestibular. Tanto essa aluna quanto os outros assinalaram a diferença e justificaram a resposta com a palavra liberdade de leitura. De fato, comparando as três situações de ensino de literatura não era difícil perceber que a extensão apresentava um grau maior de liberdade. A escola regular obedecia ao conteúdo fechado de história da literatura, que já vinha discriminado pelo livro didático. O pré-vestibular era determinado pela lista de leitura, dada pela Comissão do Vestibular.

A percepção dessa liberdade maior da extensão como algo positivo, no entanto, não vinha apenas do contraste. Também provinha da maneira como foram introduzidas as obras. Preocupados com a resistência que os alunos do cursinho pré-vestibular poderiam apresentar em face dos textos que não constavam da lista de leitura obrigatória, os alunos-ministrantes dedicaram à introdução uma atenção especial. Eles não só enfatizaram as características dos autores e das obras a serem lidas, como também incentivaram o questionamento dessas escolhas e das razões que os levaram a realizá-las em lugar de outras. Ao explicitar seus pressupostos de seleção, que envolviam razões tanto teóricas e metodológicas como pessoais, os alunos-ministrantes compartilharam com os alunos-participantes suas certezas, mas também suas dúvidas e suas dificuldades. Acredito que foi a honestidade desse procedimento que levou aquela aluna do cursinho pré-vestibular a ler uma liberdade de escolha e de leitura nos textos selecionados pelos alunos-ministrantes.

A partir desse exemplo, acreditamos não ser indevido concluir que a introdução, apesar de ser uma atividade relativamente simples, demanda do professor alguns cuidados. Um primeiro é que a apresentação do autor não se transforme em longa e expositiva aula sobre a vida do escritor, com detalhes biográficos que interessam a pesquisadores, mas não são importantes para quem vai ler um de seus textos. Aliás, não custa lembrar que a leitura não pretende reconstituir a intenção do autor ao escrever aquela obra, mas aquilo que está dito para o leitor. A biografia do autor é um entre outros contextos que acompanham o texto. No momento da introdução é suficiente que se forneçam informações básicas sobre o autor e, se possível, ligadas àquele texto.

Outro cuidado que se deve ter é na apresentação da obra. Muitas vezes achamos que aquela obra é tão interessante que basta trazê-la para os alunos. Ela vai falar por si só. De fato, ela fala e pode até prescindir da intervenção do professor, mas quando se está em um processo pedagógico o melhor é assegurar a direção para quem caminha com você. Por isso, cabe ao professor falar da obra e da sua importância naquele momento, justificando assim sua escolha. Nessa justificativa, usualmente se evita fazer uma síntese da história pela razão óbvia de que, assim, se elimina o prazer da descoberta. Em alguns casos, entretanto, essa estratégia pode ser usada justamente para despertar no leitor a curiosidade não sobre o fato, mas sim sobre como aconteceu.

Independentemente da estratégia usada para introduzir a obra, o professor não pode deixar de apresentá-la fisicamente aos alunos. Aqui vale a pena levar a turma à biblioteca para a retirada do livro diretamente da estante. Se os livros não estão na biblioteca, mas sim na estante da sala de aula, pode-se fazer uma pequena cerimônia para separar a leitura daquela obra das atividades usuais. Nos casos em que se usa uma cópia ou reprodução, convém deixar os alunos manusearem o original do professor.

A apresentação física da obra é também o momento em que o professor chama a atenção do aluno para a leitura da capa, da orelha e de outros elementos paratextuais que introduzem uma obra. Nesse caso, o professor realiza coletivamente uma leitura do livro. Por isso, não pode deixar de levantar hipóteses sobre o desenvolvimento do texto e incentivar os alunos a comprová-las ou recusá-las depois de finalizada a leitura da obra, devendo em seguida justificar as razões da primeira impressão. Essa primeira leitura é particularmente importante com os leitores menores, mas também pode trazer agradáveis surpresas com os mais experimentados. Os alunos da disciplina Literatura Brasileira, do segundo semestre de Letras, ficaram bem impressionados quando analisamos as capas de um romance clássico da literatura brasileira publicado por diferentes editoras. Havia capas que traziam fotografias, outras ilustravam com desenhos um momento específico da obra ou as personagens principais, outras, ainda, que apresentavam apenas o título e o nome do autor. Vimos, nessas pluralidade de capas, as diversas maneiras pelas quais os editores encaminhavam a leitura das obras. Elas apresentavam desde uma modernização de caráter popular, presente no colorido vivo das fotografias, até uma reverência classicizante, contida na ausência de outras indicações de cor ou forma além das letras.

As apreciações críticas presentes nas orelhas ou na contracapa são instrumentos facilitadores da introdução e muitas vezes trazem informações importantes para a interpretação. O professor pode aproveitar o tom positivo desses textos para explicitar aos alunos as qualidades que levaram a selecionar tal obra. Eles também podem ser usados para mostrar os caminhos de leitura previstos pelo autor/editor. Deve-se, todavia, ter o cuidado de não tomá-los como a direção de leitura da obra, mas sim como uma leitura entre outras.

Também têm relevância os prefácios que possuem lugar especial na introdução. Eles são em geral objetos de atividades específicas de confronto de expectativas do leitor e fornecem elementos para debates e outras atividades que se desenvolverão antes e/ou depois da leitura. Mesmo que a exploração detalhada do prefácio esteja programada para ser realizada apenas ao final da leitura, é pertinente que a existência dessa peça introdutória seja sinalizada pelo professor já na introdução.

Por fim, é preciso que o professor tenha sempre em mente que a introdução não pode se estender muito, uma vez que sua função é apenas permitir que o aluno receba a obra de uma maneira positiva. Desse modo, a seleção criteriosa dos elementos que serão explorados, a ênfase em determinados aspectos dos paratextos e a necessidade de deixar que o aluno faça por si próprio, até como uma possível demanda da leitura, outras incursões na materialidade da obra, são as características de uma boa introdução.

Leitura

No projeto Ensinando Literatura no Segundo Grau, entrevistamos quase todos os professores de literatura de Pelotas. Uma das perguntas pedia que o professor relatasse como se tornara leitor. Ao relembrar sua história de leitora, uma professora de literatura contou que sofreu pouca influência da escola. Na verdade, criou o hábito de leitura graças à mãe, que sendo leitora voraz a conduziu pelo mesmo caminho. A diferença nessa história comum a tantos leitores, cuja formação passa ao largo da escola, é que aconteceu de maneira bastante singular. A professora relatou que, inicialmente, não gostava de ler. Na adolescência, a mãe começou a insistir para que ambas se tornassem parceiras de leitura. Elas saíam juntas e a mãe comprava sempre dois romances: um para ela e outro para a filha. Depois, trocavam os livros e comentavam a leitura. Nas primeiras experiências, a filha, hoje professora, tentou aplicar o mesmo expediente que costumava utilizar na escola, isto é, lia as primeiras páginas e as últimas para saber como se iniciava e terminava a história e dava o livro por lido. Percebendo o comportamento da filha, a mãe passou a cobrar os detalhes que só quem havia lido o livro por inteiro poderia responder, acompanhando capítulo por capítulo e discutindo as partes que julgava mais interessantes. Com isso, ela foi obrigada a ler e de leitura em leitura terminou escolhendo ser professora de literatura.

A história chamou nossa atenção porque traz, com muita precisão, o que consideramos essencial nessa etapa de nossa proposta de letramento literário: o acompanhamento da leitura. Usualmente, o professor solicita que o aluno leia um texto e, durante o tempo dedicado àquela leitura, nada mais faz. Se for a leitura de um pequeno texto a ser feita em sala de aula, de fato há pouco o que se fazer a não ser esperar que o aluno termine a tarefa. Todavia, quando tratamos de livros inteiros, esse procedimento já não é adequado. A leitura escolar precisa de acompanhamento porque tem uma direção, um objetivo a cumprir, e esse objetivo não deve ser perdido de vista. Não se pode confundir, contudo, acompanhamento com policiamento. O professor não deve vigiar o aluno para saber se ele está lendo o livro, mas sim acompanhar o processo de leitura para auxiliá-lo em suas dificuldades, inclusive aquelas relativas ao ritmo da leitura.

Nesse sentido, quando o texto é extenso, o ideal é que a leitura seja feita fora da sala de aula, seja na casa do aluno ou em um ambiente próprio, como a sala de leitura ou a biblioteca por determinado período. Durante esse tempo, cabe ao professor convidar os alunos a apresentar os resultados de sua leitura no que chamamos de intervalos. Isso pode ser feito por meio de uma simples conversa com a turma sobre o andamento da história ou de atividades mais específicas.

No caso da conversa sobre o andamento da narrativa, alguns professores têm manifestado o temor de "estragar" a história, com os alunos que leem mais rápido contando aos que leem mais devagar o que vai acontecer em seguida ou até mesmo o final. Eles costumam afirmar que muitos resistem a esse tipo de atividade dizendo algo como "não me conte a história porque quero descobrir por mim mesmo". Trata-se, porém, do que se poderia chamar de falácia fabulística. Ao lermos um texto literário, obtemos muito mais que informações sobre a história narrada, é por isso que o conhecimento dessas informações não garante a leitura do texto (daí a impossibilidade intrínseca dos resumos que os cursinhos pré-vestibulares usam para substituir a leitura dos livros indicados pelas universidades). A leitura do texto literário, como já observamos antes, é uma experiência única e, como tal, não pode ser vivida vicariamente. Conhecer a história ou saber o final de um romance jamais substitui essa experiência, tanto que continuamos a ler obras cujos "segredos" são amplamente conhecidos. O que nos leva a ler um clássico, por exemplo, é a experiência estética que ele proporciona e não simplesmente a história que conta. Mesmo os romances populares que compramos em bancas de jornal sabem disso, visto que contam e recontam inúmeras vezes a mesma história, mudando apenas os cenários e os nomes das personagens. É claro que revelar o culpado em uma história policial ou de suspense pode ser um incômodo para o leitor que esperava descobrir por si mesmo o desfecho, mas até os autores desse tipo de narrativa sabem que além do que se conta, vale como se conta, por isso até revelam o criminoso ao leitor e deixam a ignorância para o detetive, transferindo da descoberta do culpado para a descoberta de como se descobriu o culpado, o segredo da narrativa.

Já os intervalos, que constituem as atividades específicas, podem ser de natureza variada. Um exemplo é a leitura de outros textos menores que tenham alguma ligação com o texto maior, funcionando como uma focalização sobre o tema da leitura e permitindo que se teçam aproximações breves entre o que já foi lido e o novo texto. Também pode ser a leitura conjunta de um capítulo ou trecho de capítulo para ser trabalhado estilisticamente em microanálise de recursos expressivos que interessem ao professor e aos alunos destacar. Nesses dois exemplos, não se faz necessário que todos os alunos tenham lido a mesma quantidade de páginas ou capítulos, mas é importante que a atividade seja pertinente com a leitura efetiva feita pela maioria dos alunos.

Ao indicar o texto, é conveniente que o professor negocie com seus alunos o período necessário para que todos realizem a leitura e, dentro desse período, convém marcar os intervalos. Naturalmente, nem esses intervalos nem o período reservado à leitura podem ser muito longos, uma vez que se corre o risco de perder o foco da atividade. Desse modo, a quantidade de intervalos não depende apenas do tamanho do texto, mas também do próprio processo de letramento literário. Com isso, o professor deve ter em mente que se precisar de mais de três intervalos para acompanhar a leitura de seus alunos, decerto o livro é extenso demais para sua turma, cabendo a ele buscar uma alternativa.

É durante as atividades do intervalo que o professor perceberá as dificuldades de leitura dos alunos. Esse intervalo funciona, assim, prioritariamente, como um diagnóstico da etapa da decifração no processo de leitura. Por meio dele o professor resolverá problemas ligados ao vocabulário e à estrutura composicional do texto, entre outras dificuldades ligadas à decifração. Mas não é apenas em relação a essa etapa que o intervalo oferece possibilidades de compreensão e intervenção. Na verdade, se bem direcionado, ele pode se constituir em um importante instrumento de aferição pedagógica do processo da leitura como um todo. Ao acompanhar a leitura dos alunos por meio dos intervalos, o professor poderá ajudá-los a resolver ou, pelo menos, equacionar questões que vão desde a interação com o texto, a exemplo do desajuste das expectativas que pode levar ao abandono do livro, até o ritmo de leitura, possível consequência tanto das condições de legibilidade do texto quanto da disponibilidade do aluno para realizar a atividade. Em muitos casos, a observação de dificuldades específicas enfrentadas por um aluno no intervalo é o início de uma intervenção eficiente na formação de leitor daquele aluno.

Interpretação

Já sabemos, pelo que expusemos no capítulo "O processo da leitura", que a interpretação parte do entretecimento dos enunciados, que constituem as inferências, para chegar à construção do sentido do texto, dentro de um diálogo que envolve autor, leitor e comunidade. No campo da literatura ou mesmo das ciências humanas, as questões sobre a interpretação e seus limites envolvem práticas e postulados tão numerosos quanto aparentemente impossíveis de serem conciliados, até porque toda reflexão sobre a literatura traz implícita ou explicitamente uma concepção do que seja uma interpretação ou de como se deve proceder para interpretar os textos literários. Não se pode, pois, tratar de interpretação sem se considerar essas questões, mas também não acreditamos ser este o espaço adequado para discuti-las. Desse modo, sem ignorar a complexidade da interpretação, e também sem transformá-la em um obstáculo a ser ultrapassado, propomos no cenário do letramento literário pensá-la em dois momentos: um interior e outro exterior.

O momento interior é aquele que acompanha a decifração, palavra por palavra, página por página, capítulo por capítulo, e tem seu ápice na apreensão global da obra que realizamos logo após terminar a leitura. É o que gostamos de chamar de encontro do leitor com a obra. Esse encontro é de caráter individual e compõe o núcleo da experiência da leitura literária tal como abordamos aqui. Ele não pode ser substituído por nenhum mecanismo pedagógico, a exemplo da leitura do resumo, nem compensado por algum artifício de intermediação, como ver o filme ou assistir à minissérie na TV em lugar de ler o livro. Nós, os professores de literatura, sabemos que esse é o momento em que o texto literário mostra sua força, levando o leitor a se encontrar (ou se perder) em seu labirinto de palavras. Aliás, como costumo dizer aos meus alunos, o texto literário é um labirinto de muitas entradas, cuja saída precisa ser construída uma vez e sempre pela leitura dele. Isso não significa que esse momento interno é impermeável a influências ou que se trate de um momento mágico em que livro e leitor se isolem em uma torre de marfim. Longe disso, trata-se de um processo afetado pelo que se fez antes e se faz durante a leitura. Em outras palavras, a motivação, a introdução e a leitura, como as definimos acima, são os elementos de interferência da escola no letramento literário. Do mesmo modo, a história de leitor do aluno, as relações familiares e tudo mais que constitui o contexto da leitura são fatores que vão contribuir de forma favorável ou desfavorável para esse momento interno. A interpretação é feita com o que somos no momento da leitura. Por isso, por mais pessoal e íntimo que esse momento interno possa parecer a cada leitor, ele continua sendo um ato social.

O momento externo é a concretização, a materialização da interpretação como ato de construção de sentido em uma determinada comunidade. É aqui que o letramento literário feito na escola se distingue com clareza da leitura literária que fazemos independentemente dela. Quando interpretamos uma obra, ou seja, quando terminamos a leitura de um livro e nos sentimos tocados pela verdade do mundo que ele nos revela, podemos conversar sobre isso com um amigo, dizer no trabalho como aquele livro nos afetou e até aconselhar a leitura dele a um colega ou guardar o mundo feito de palavras em nossa memória.

Na escola, entretanto, é preciso compartilhar a interpretação e ampliar os sentidos construídos individualmente. A razão disso é que, por meio do compartilhamento de suas interpretações, os leitores ganham consciência de que são membros de uma coletividade e de que essa coletividade fortalece e amplia seus horizontes de leitura. Trata-se, pois, da construção de uma comunidade de leitores que tem nessa última etapa seu ponto mais alto.

Esse trabalho requer uma condução organizada, mas sem imposições. Não cabe, por exemplo, supor que existe uma única interpretação ou que toda interpretação vale a pena. Também não é pertinente aceitar que a simples existência de uma tradição autorizada responda pela interpretação. Tampouco é adequado ceder a pretextos dúbios como o de que o professor deve guardar para si sua interpretação para não interferir nas conclusões dos alunos ou de que a interpretação é individual e não pode ser feita em grupos ou pelo conjunto da turma. Se for para haver limites, que eles sejam buscados na coerência da leitura e não nos preconceitos que rondam o letramento literário na escola. Só assim teremos de fato uma comunidade, e seus leitores poderão, tanto no presente quanto no futuro, usar a força que ela proporciona para melhor ler o mundo e a si mesmos.

As atividades da interpretação, como a entendemos aqui, devem ter como princípio a externalização da leitura, isto é, seu registro. Esse registro vai variar de acordo com o tipo de texto, a idade do aluno e a série escolar, entre outros aspectos. Uma criança nos primeiros anos certamente achará divertido desenhar uma cena da narrativa e explicar para os colegas o seu desenho. Também não terá dificuldades em explicar por que considera aquela cena digna de reprodução. Já um adolescente poderá se sentir mais à vontade escolhendo uma música que trate dos sentimentos de uma personagem ou dos seus próprios ao ler o livro. O professor de Português pode sentir necessidade de aproveitar a ocasião para que os alunos demonstrem suas habilidades de escrita e solicitar uma resenha para o jornal da escola. A turma mais desinibida pode realizar uma performance dramatizando trechos ou vestindo-se como as personagens. Os mais tímidos podem preferir o registro em um diário anônimo a ser exposto em um varal no fundo da sala. Se houver colaboração do professor de Educação Artística, colagens que traduzem aspectos da obra ou a reprodução dos cenários em maquetes poderão ser feitas e expostas em toda a escola. Como se nota, não há restrições para as atividades de interpretação, desde que se mantenha o caráter de registro do que foi lido.

Na escola brasileira, há uma tradição memorável de registro da leitura que é o chamado júri simulado. Conforme o nome sugere, trata-se do julgamento de uma personagem, normalmente a protagonista, organizado segundo as práticas de um tribunal. Os alunos são divididos em promotoria, encarregada da acusação, advogados de defesa, jurados e juiz. Nos casos mais sofisticados, até mesmo uma audiência de alunos é providenciada. No Colégio Divina Providência – a princípio escola de freiras que depois tornou-se pública e onde estudei a maior parte do ensino básico – essa era uma atividade que envolvia meses de preparação e da qual apenas os alunos mais adiantados tomavam parte. Era uma espécie de realização para os envolvidos que se vestiam a caráter e todos nós, alunos menores, assistíamos ao julgamento como se assiste a um espetáculo teatral, o que na verdade terminava sendo. Em alguns casos, dividíamo-nos em torcidas a favor ou contra a absolvição, sendo aquela em geral vencedora porque a ordem dos professores era a piedade para com os culpados.

Mais recentemente, as feiras culturais ou feiras do livro ocupam um espaço especial no registro e divulgação das interpretações. Em algumas escolas, as feiras são patrocinadas pela biblioteca, que desenvolve projetos de leitura e aproveita o evento para divulgar suas atividades e serviços para a comunidade de alunos e pais. Em outras, trata-se de programa cultural da escola que envolve todas as disciplinas e, nesse caso, os alunos apresentam resultados de estudos nas mais diversas áreas. Tendo um caráter geral ou particular, a feira cultural converge para trocas de leituras e, nessas trocas, fortalece-se a comunidade de leitores da escola. Foi isso que acreditamos ter acontecido quando realizamos, alunos e professor da disciplina Metodologia do Ensino da Literatura da UFPel e coordenação de Língua Portuguesa, professores e alunos do Colégio Pelotense, uma feira cultural. Muito antes do dia da feira, durante dois meses, os alunos das últimas séries do ensino fundamental foram motivados, leram os textos selecionados e prepararam as interpretações. No dia do evento, que trouxe a comunidade de pais e familiares para o ginásio de esportes da escola, havia alunos vestidos a caráter, que se apresentavam aos visitantes contando suas histórias. Outros explicavam os murais e os cenários que haviam produzido como resultado de suas leituras. No palco, uns declamavam poemas e fragmentos de textos em prosa ao mesmo tempo em que outros se preparavam para cantar uma canção que dizia "tudo" sobre determinado personagem. Em um canto do ginásio, havia a troca de revistas e livros usados, com a condição de que os textos fossem discutidos entre os "negociantes". Após quase três horas de atividades, a Feira Cultural foi encerrada com a realização de um júri simulado com as personagens do romance *Ciranda de pedra*, de Lygia Fagundes Telles. Na avaliação final da atividade, nossos alunos do curso de Letras e alguns dos professores revelaram que acreditaram na Feira Cultural como atividade pedagógica, mas recearam que seu caráter festivo e dispersivo não resultasse em aproveitamento para a leitura literária. Como disse uma das alunas, parecia uma mistura de tarde circense com a Feira do Livro (um evento tradicional no Rio Grande do Sul). Essa reserva, entretanto, dissipou-se quando analisamos o registro das impressões dos alunos sobre a feira feitos na semana seguinte ao evento. Os diversos tipos de relatório de participação apresentados por eles mostraram que a Feira Cultural havia fixado detalhes das obras e particularidades de leitura que somente o intercâmbio intenso de experiências pode proporcionar.

Para se realizar o registro da interpretação, nem sempre é necessário um grande evento como uma feira cultural. O importante é que o aluno tenha a oportunidade de fazer uma reflexão sobre a obra lida e externalizar essa reflexão de uma forma explícita, permitindo o estabelecimento do diálogo entre os leitores da comunidade escolar. Nesse sentido, uma prática que tem sido adotada por várias escolas é a da resenha. Ao concluírem a leitura de uma obra, os alunos são convidados a elaborar um texto em que registram suas impressões sobre o texto lido em termos apreciativos e podem recomendar ou não a leitura para outros colegas. O uso da resenha tem vários benefícios para o ensino da língua materna. Em primeiro lugar, é um exercício de escrita dentro de um gênero com predominância de estratégias argumentativas e condições de enunciação bem determinadas. Depois, o texto produzido tem possibilidade de circular entre os alunos e, por isso, não carrega a artificialidade da maioria das atividades de escrita escolar. Por fim, demanda do aluno o registro que é também memória de sua vida de leitor. Todavia, o uso exclusivo ou excessivo da resenha pode engessar o letramento literário e automatizar a resposta do aluno ao texto lido. Cumpre ao professor, pois, buscar outras estratégias. Foi isso que fez uma de nossas alunas. Quando indicou o livro, ela planejou encerrar a leitura com uma resenha, mas no meio do caminho o interesse dos alunos pelas personagens foi tanto que decidiu solicitar um capítulo a mais, um epílogo à obra lida. Assim, os alunos deram continuidade aos seres de papel que os haviam encantado respondendo ao texto de uma forma criativa. Essa atividade foi realizada com alunos de 3ª série do ensino fundamental e quando a relatei para professores de séries mais adiantadas, vi surgir propostas de variantes, como a inserção de longo período temporal na narrativa (o que aconteceu com as personagens dez anos depois ou dez anos antes); a alteração do espaço (as personagens se encontram em outro lugar); e a inclusão de outras personagens, inclusive o leitor.

Como se percebe, as possibilidades de registro da interpretação são diversificadas e dependem da turma, dos textos escolhidos e dos objetivos do professor. Essas particularidades devem ser sempre levadas em consideração no planejamento da sequência básica, assim como as características de cada etapa, conforme as descrevemos aqui. Ao seguir as etapas, o professor sistematiza seu trabalho e oferece ao aluno um processo coerente de letramento literário.

Um exemplo de sequência básica

Em 2001, a prefeitura de João Monlevade, cidade do Vale do Aço de Minas Gerais, convidou-nos a apresentar uma oficina para os professores de Língua Portuguesa do município. A proposta que fiz foi realizar uma atividade e, simultaneamente, refletir sobre ela como prática pedagógica. É essa proposta que trazemos aqui como exemplo, porque sua articulação entre leitura e produção de textos a partir de uma unidade temática – moradia e violência urbana – parece-nos ilustrar com eficiência o funcionamento da sequência básica, apesar de ter sido realizada em condições especiais.

A motivação foi denominada Lar Doce Condomínio. A atividade previa, em primeiro lugar, a leitura de um classificado de jornal – seção de imóveis. O professor deveria explicitar aos alunos que eles tinham acabado de ganhar, em um sorteio, a possibilidade de comprar uma residência nova e precisavam procurar nos jornais o imóvel desejado; ou que deviam se mudar para nova cidade e precisavam comprar/alugar nova casa. No caso, informei aos alunos-professores que eles haviam sido transferidos para Belo Horizonte e deveriam procurar nova casa. Com esse intuito, levei classificados de jornais para que selecionassem os imóveis desejados. Para alguns alunos-professores mais "incrédulos", foi preciso acrescentar que receberiam uma ajuda de custo por um ano. Essa era a primeira parte da motivação, ou seja, os alunos deveriam selecionar o imóvel desejado lendo os classificados fornecidos pelo professor (leitura de jornal – gênero classificados).

Na segunda parte, após a seleção, os alunos deveriam explicitar oralmente por que gostariam de adquirir tal imóvel. No diálogo com os estudantes, o professor teria como objetivo destacar os traços do discurso publicitário e a retórica da persuasão próprios de qualquer anúncio, mas com ênfase nas características de imóveis (uso de plantas baixas, fotografias, desenhos etc.) e as constrições dadas pelo suporte (espaço restrito, baixa resolução gráfica etc.). Essa atividade foi bastante divertida, uma vez que os alunos-professores de João Monlevade aproveitaram a situação para falar, ainda que de maneira indireta, da mazela que atinge todos os professores: o salário. Daí a aquisição de imóveis ora muito acima do poder aquisitivo, ora bem abaixo. Curiosamente, apesar dos anúncios de condomínios fechados entre os imóveis, nenhum aluno optou por eles. Como o texto a ser lido tratava desse tipo de imóvel, chamei a atenção deles para a ausência, que foi logo justificada pelos altos preços e pelo isolamento.

Encerrada a motivação, passamos à introdução. O texto selecionado foi um conto de Moacyr Scliar, "No retiro da figueira". A intenção era fazer uma apresentação bem sucinta, uma vez que os professores eram formados em Letras e poderiam conhecer o autor e outras de suas obras, dando ênfase maior ao conto e ao livro no qual ele se insere. A justificativa para a seleção era de ordem temática: o conto abordava uma questão contemporânea, da qual nem mesmo as pequenas cidades estavam inteiramente livres, ou seja, a violência urbana e a proteção buscada nos condomínios fechados.[2] A narrativa de Scliar faz parte de uma coletânea organizada por Julieta Godoy Ladeira, sob o título de *Contos brasileiros contemporâneos*, voltada para uso escolar. Na apresentação, a autora destaca o valor introdutório das antologias e o duplo critério adotado para a seleção dos textos: produção contemporânea a partir dos anos 1950 e a representatividade dos caminhos do conto na literatura brasileira. Esses critérios foram acentuados com professores, incitando-os a organizar eles mesmos, em conjunto com seus alunos, antologias diversas para uso escolar. Elas podem recobrir vários gêneros e ser trocadas entre turmas. Também podem ser recolhidas às bibliotecas, como uma memória das leituras de cada turma ou até mesmo de cada aluno. Em relação ao autor, os professores-alunos de fato conheciam outros textos de Scliar, embora esse conhecimento derivasse, na maioria dos casos, dos livros didáticos. Uma das professoras até relatou que o conto a ser trabalhado por nós constava da coletânea de um livro didático. Como esse reconhecimento poderia atrapalhar as atividades de leitura e de interpretação planejadas, solicitei que mantivesse discrição em relação ao final do conto.

Após a introdução, iniciamos a leitura. No geral, quando se trata de textos bem curtos como o conto de Scliar, a leitura pode ser dividida em dois momentos: a leitura de reconhecimento, a ser feita silenciosamente pelos alunos, e a leitura oral ou expressiva, que pode ser feita pelo professor ou em forma de jogral pelos alunos. A opção usual pela leitura expressiva do professor decorre do fato de que ele conhece bem o texto e, por isso, tem condições de realizá-la com qualidade. A leitura oral que assume a forma de um jogral demanda um trabalho prévio. Isso implica marcações no texto e seleção dos alunos leitores a fim de que não se transforme em uma maneira de chamar a atenção daquele aluno mais distraído, conforme seu uso tradicional. Em nossa sequência com os alunos-professores de João Monlevade, decidimos transformar esses dois momentos em três, colocando a interpretação entre o primeiro e os dois últimos.

Desse modo, tão logo chegaram ao final do conto, os professores-alunos começaram a murmurar sobre a estranheza do texto. Nesse momento, expliquei que havia retirado o final do conto para que eles, reunidos em grupo, apresentassem uma versão coerente segundo suas experiências de leitores do mundo e de textos literários. A interpretação era justamente a construção de um final alternativo. Para tanto, dividimos os alunos-professores em grupos buscando atingir a leitura solidária que fundamenta a comunidade de leitores, ou seja, a atividade deveria ser realizada em pequenos grupos proporcionando o compartilhamento das impressões iniciais de leitura e fortalecendo o sentido do texto por meio do debate. Nesse tipo de trabalho, é importante o professor destacar que seu objetivo não é de levar os alunos a "adivinhar" o final dado pelo autor, nem mesmo a se aproximar dele, mas sim compor, com base nos elementos textuais e na sua vivência, um final com coerência. De certa maneira, tão importante quanto o final alternativo é o caminho de leitura que o aluno percorreu para construí-lo coerentemente. No caso do conto de Scliar, percorremos os grupos chamando a atenção dos alunos para as estratégias de construção do conto, tais como a ironia do narrador, o uso alternado de nós/eu no registro narrativo, a relação tradicional e algo machista do casal principal, a ênfase sobre a distinção de classe etc. Esse momento da sequência foi o mais agitado, já que os alunos-professores não se contentavam em fazer seu próprio final e buscavam interação com os grupos vizinhos.

Quando todos os grupos terminaram de redigir seus finais, voltamos para o segundo momento da leitura, isto é, solicitamos que um aluno de cada grupo lesse em voz alta o conto com o final alternativo. A atividade despertou risos ante alguns finais extravagantes criados pelos grupos e outros tantos protestos a respeito da criatividade dos colegas, mas intervimos e pedimos que as observações fossem guardadas para um debate a ser feito depois da leitura do final dado pelo autor. Fizemos breve intervalo e retornamos para a leitura do texto integral de Scliar, que foi feita por nós, encerrando assim o terceiro momento da leitura. Em seguida retomamos a interpretação com um debate sobre as diferenças e as semelhanças entre o final dado pelo autor e a produção dos alunos. Nesse debate, enfatizamos a necessidade de explicitar para os colegas por que se havia decidido por esta ou aquela solução, quais os elementos textuais ou vivenciais que tinham encaminhado o final construído pelo grupo. E, mais uma vez, lembramos que o mérito da atividade não estava centrado sobre a proximidade com o final do autor, mas sim na coerência que os vários finais trouxeram ao conto. Afinal de contas, reescrever um final para o conto é um ato interpretativo.

A sequência básica encerrou-se na interpretação. Todavia, como os professores nos indagaram como inserir essa sequência em sua prática cotidiana, discutimos algumas possibilidades de continuidade. Uma delas seria solicitar aos alunos que retomassem os textos de classificados e, tendo em vista que deveriam se mudar, elaborassem um classificado de sua atual residência. Outra consistiria em discutir a vida em condomínio, com suas vantagens e desvantagens. Depois do debate, cada aluno deveria escrever um artigo sobre a questão. Uma terceira seria uma pesquisa, com ou sem entrevista, sobre a vida em condomínios para então se realizar o debate e a escrita do artigo previsto anteriormente. Uma atividade complementar buscaria na música popular, no caso a canção *Saudosa maloca*, de Adoniran Barbosa, uma constante entre as representações de moradia.

Entre as diversas sequências básicas que trabalhamos com nossos alunos, os quais, uma vez professores, trabalharam com os próprios alunos, escolhemos esse exemplo para mostrar que a sequência não é algo intocável. Dentro dos objetivos do letramento literário na escola, é possível misturar, como o fizemos, a leitura com a interpretação, a motivação com a introdução, sempre de acordo com as necessidades e características dos alunos, do professor e da escola. O que não se pode perder de vista é a ideia de conjunto ou de ordenamento necessários em qualquer método. No próximo capítulo, apresentaremos a sequência expandida na qual se insere, naturalmente, a sequência básica.

Notas

[1] Os Coles exerceram (e certamente ainda exercem) uma influência considerável em toda uma geração de professores e estudiosos que se preocupam com a leitura. Nesses encontros, os resultados de pesquisas misturam-se a relatos de experiência em uma interação de vozes que dificilmente é ouvida em outro lugar. Ao retornar para sua escola, o professor traz uma energia renovada e o desafio de fazer da leitura um tema que interesse a todos aqueles que se encontram envolvidos com o trabalho pedagógico. Aqui não posso deixar de registrar o impacto que me causaram as palavras de Graça Paulino e Glória Bordini, em uma mesa-redonda intitulada Leitura Literária, no 9º Cole. Essas experimentadas professoras instavam os professores a buscar outras possibilidades de ensino de literatura. De certa forma, parecia que suas falas traduziam o que muitos de nós, que trabalhávamos com ensino de literatura, pensávamos, dando sentido e unidade a ações dispersas, intuitivamente buscadas como alternativa a um ensino centrado quase que exclusivamente na história da literatura. Ali se falava de uma abordagem da literatura que enfatizasse a interação humana entre professor e aluno. Tomava-se o leitor como alguém que é multideterminado pelos sistemas simbólicos. Reconhecia-se que no texto literário, para além dos aspectos formais, havia um saber cultural. Propunha-se que a leitura literária deveria olhar o texto, mas também o contexto cultural em que ele se inseria, já que cada sociedade possui valores que ela vivencia dialeticamente por meio das suas representações simbólicas, e a literatura era um espaço privilegiado dessas representações. E que a escola deveria reconhecer tudo isso.

[2] O conto de Scliar conta a história de uma família que, temerosa da violência, resolve se mudar para um condomínio fechado. O narrador é o marido que atribui à mulher o desejo e a decisão da mudança. O prospecto anuncia maravilhas, que são comprovadas na visita ao local. Em breve, eles se mudam, com outras famílias de classe média. Tudo parece perfeito até o dia em que são impedidos de deixar o condomínio pela segurança. Eles estavam supostamente sendo atacados por bandidos perigosos. Prisioneiros em suas casas, são isolados e perdem a comunicação com o exterior. Ao final, os moradores descobrem que foram vítimas de uma armadilha promovida por uma sofisticada quadrilha de sequestradores.

A sequência expandida

Se entendermos a Literatura como visão de mundo, prática social,
invenção a partir de uma realidade concreta com a palavra trabalhada,
um dos objetivos de seu ensino é fazer surgir ou aperfeiçoar o espírito crítico
do estudante, em relação ao mundo real. É claro que esse espírito
crítico está intimamente ligado à experiência do professor e à do estudante
em sua práxis, bem como ao conhecimento de ambos da História,
artes em geral, política etc.
Letícia Malard. *Ensino e literatura no 2º Grau* (1985).

Quando começamos a trabalhar com a montagem das sequências para o letramento literário na escola, elaboramos primeiro a sequência básica e ficamos satisfeitos com os resultados obtidos. Alunos de todas as idades e níveis escolares respondiam à estratégia da sequência com entusiasmo e produziam leituras significativas dos textos literários. O envolvimento de alunos e professores nas atividades mostrava que o letramento literário preconizado pelo método era novo caminho que se abria ao ensino de literatura na escola. O exemplo dos alunos de Metodologia do Ensino da Literatura, que, sob nossa orientação, produziram várias sequências básicas e as ministraram em aulas regulares em diversas escolas e para públicos variados, testemunhava que trabalhar o texto literário podia ser um ensino com saber e sabor.

Todavia, se nossos alunos e os professores do ensino fundamental eram aqueles que mais prontamente respondiam à proposta do método, os professores do ensino médio, mesmo diante da resposta positiva de seus alunos, reagiam com alguma reserva. Em conversa com vários deles, percebi que tomavam a sequência básica como um suplemento do trabalho tradicional de expor as características dos períodos literários, da tripartição clássica dos gêneros, das listas de figuras de linguagem e das regras para escandir poemas, classificar estrofes e rimas. De modo aparente, faltava ao trabalho de leitura literária que se fazia dentro da sequência básica o conteúdo que é tradicionalmente identificado como parte do saber literário. Em outras palavras, eles reconheciam, por um lado, que a sequência básica trazia algo novo ou algo que não se fazia muito presente em suas aulas, isto é, *a aprendizagem da literatura*; porém, por outro lado, parecia faltar *a aprendizagem sobre a literatura*.

Essas observações nos levaram a propor várias alterações na sequência básica que buscassem atender a essa demanda dos professores de ensino médio. Com as modificações introduzidas, percebemos também que *a aprendizagem através da literatura* estava pouco sistematizada. Fazia-se necessária uma reflexão maior que, sem abandonar os princípios e os ganhos da sequência básica, incorporasse em um mesmo bloco as diferentes aprendizagens do letramento literário. Foi assim que chegamos à sequência expandida. Com ela pretendemos responder não apenas às inquietações dos professores de ensino médio – até porque sua prática não deve ser restrita a esse nível de ensino, como mostraremos a seguir –, mas sim, e sobretudo, tornar explícita a presença das outras duas aprendizagens da literatura dentro dos passos iniciados na sequência básica. Acreditamos que na sequência básica se realiza a aprendizagem plena da literatura, mas porque nela se enfatiza a experiência da interpretação como construção do sentido do mundo, as outras dimensões do letramento literário terminam por ocupar um segundo plano. Essa posição secundária pode levar a um obscurecimento do lugar da literatura na escola, sobretudo aquele dado pela tradição. A sequência expandida vem deixar mais evidente as articulações que propomos entre experiência, saber e educação literários inscritos no horizonte desse letramento na escola.

Para demonstrar o funcionamento das etapas da sequência expandida, escolhemos como exemplo *O cortiço*, de Aluísio Azevedo. As razões da seleção se devem a questões teórico-metodológicas e algumas casualidades. Quando buscamos pela primeira vez um romance para ilustrar a sequência expandida, impusemos quatro restrições. A primeira era que deveria se tratar de obra considerada difícil de ser lida, segundo o julgamento dos professores. A segunda demandava que a obra tivesse um valor simbólico claramente estabelecido a fim de que o professor sentisse que valia a pena o esforço de empreender sua leitura com os alunos. Essas duas primeiras restrições nos levaram, naturalmente, ao cânone da literatura brasileira. Dentro do cânone, as obras que melhor preenchiam essas exigências eram aquelas do final do século XIX e início do século XX. A terceira restrição era que a obra permitisse um contato imediato com o presente dos alunos. Nesse caso, pensamos que a lista do vestibular ou um tema atual poderia ser o elemento de ligação desejado. Na quarta, o estudo da obra em questão deveria trazer alguma informação nova aos professores. Essas duas últimas restrições nos levaram ao naturalismo.

Por questões de recepção crítica e da própria construção do cânone brasileiro a partir de uma visão modernista, o naturalismo é usualmente considerado na literatura brasileira como um movimento falhado. Leituras mais recentes e livres de certos preconceitos modernistas têm procurado reverter essa percepção, que ainda é dominante, não apenas nos livros didáticos do ensino médio, mas também nos manuais de história da literatura dos cursos de graduação em Letras. Além disso, por rediscutirem o Brasil que se construía na passagem do Império à República e focalizarem questões sociais ainda muito presentes em nosso cotidiano, os romances naturalistas brasileiros permitiam a almejada aproximação imediata. Dentre as obras naturalistas, *O cortiço* foi escolhido por ser o mais conhecido. Desse modo, ele não só era citado em todos os livros didáticos como o exemplo mais acabado do naturalismo brasileiro, como também era mais fácil encontrar a quantidade de exemplares necessária para toda a turma. As reedições de obras do século XIX, mesmo canônicas, nem sempre estão disponíveis em nosso mercado editorial. Por fim, a decisão final veio de uma observação feita por um aluno que acabara de ingressar no curso de Letras. Uma das primeiras atividades que realizávamos com os alunos da disciplina Teoria da Literatura consistia em um autorretrato de leitor. Em um desses autorretratos, um aluno declarou que não gostava de ler literatura "séria" e explicou que isso se dava porque eram livros chatos e cansativos, que continham muita descrição e pouca história. Quando indaguei um exemplo, respondeu com *O cortiço*.[1] Estava lançado o desafio.

Motivação

Como já vimos na seqência básica, a motivação consiste em uma atividade de preparação, de introdução dos alunos no universo do livro a ser lido. No caso de *O cortiço*, buscamos uma realidade comum nos centros urbanos brasileiros, a vida em condomínio. Seja o condomínio de edifício de luxo ou constituído de blocos residenciais do extinto BNH, seja o condomínio fechado constituído por casas, normalmente localizado em uma zona periférica da cidade. O objetivo é levar os alunos a refletir sobre as relações que se estabelecem nesses ambientes e as transformações que trazem para a vida social e pessoal.

Para a primeira atividade de motivação, articulamos uma estratégia bem simples. O professor seleciona de jornais e revistas textos publicitários sobre os mais diversos tipos de condomínio e, com os alunos divididos em grupos, solicita que indiquem em qual condomínio desejariam morar ou não gostariam de morar e justifiquem a escolha. Na apresentação das justificativas, estabelece-se um breve debate sobre o valor social da moradia. Com esse material, o professor pode variar a atividade solicitando que o aluno compare sua moradia com aquela descrita nos textos publicitários. Outra possibilidade consiste em distribuir para cada grupo um dos textos publicitários e pedir que o aluno imagine como é viver naquele condomínio, o que aconteceria com sua família e com seus amigos se morassem ali.

Conforme se pode perceber, há muitas variações para o uso de material publicitário retirado de revistas e jornais. Mas eles não são os únicos textos que se pode aproveitar para as atividades de sala de aula. Para outra motivação de *O cortiço*, utilizamos uma matéria de uma revista semanal que trata da expansão dos condomínios fechados nas grandes cidades. O texto aborda os pontos positivos, como segurança, e os negativos, como isolamento e alienação social, para as crianças que crescem nesses condomínios. Na sala de aula, o texto escolhido pode ser usado para fomentar uma discussão sobre o tema, com o posicionamento dos alunos não apenas quanto às vantagens e às desvantagens apontadas pela matéria, mas também pela própria maneira como a revista apresentou a questão, os recursos utilizados para torná-la um assunto jornalístico – opinião de especialistas, posição de moradores, dados estatísticos, fotografias etc.

Outra motivação é o uso de piadas sobre a vida em condomínios, sobretudo aquelas que têm como personagem central o síndico. Elas são facilmente coletáveis na internet, nos programas humorísticos da TV ou nos livros de anedotas. Ao trazer essas piadas para a sala de aula, o professor pode aproveitar a estigmatização do síndico para analisar com os alunos os vários aspectos da vida em um edifício. Não se trata de retirar o caráter engraçado das anedotas com preleções sobre a necessidade de organização da vida em comum – ainda que se necessário isso possa ser feito também –, mas sim de mostrar nos confrontos entre síndico e moradores que inspiram as piadas o cotidiano da vida em comum de pessoas com interesses diversos. Nesse trabalho de compreensão, que coloca em segundo plano o julgamento das situações, o professor pode solicitar aos alunos que justifiquem as ações de síndico e moradores e indiquem como agiriam no lugar de um e de outros. Um material alternativo às piadas pode ser as charges que tematizam a vida em condomínios. O professor pode utilizá-las do mesmo modo que usaria as piadas.

A reflexão sobre os condomínios como espaço de relações humanas não precisa ficar restrita à leitura de textos em sala de aula. Uma atividade de motivação que pode ser implementada pelo professor é a montagem de um condomínio. O professor pede a cada aluno que traga um recorte com imagens de residências – caso deseje fazer toda a atividade em sala de aula, ele mesmo pode providenciar os recortes – coletados em anúncios de jornais e revistas e também em material publicitário de lojas de tintas e material de construção, por exemplo. Em sala de aula, professor e alunos devem montar juntos um condomínio, previamente delineado ou não, em uma folha grande de papel pardo na forma de um edifício. Depois da montagem, elabora-se um texto descrevendo o condomínio construído em conjunto.

Se a atividade anterior parecer um tanto primária para os futuros leitores de *O cortiço*, outra possibilidade de uma motivação é o depoimento. Os alunos podem realizar a atividade com os próprios colegas, no entanto será mais interessante com moradores de diferentes tipos de condomínio. Nesse caso, o professor estabelece um perfil de condomínio para cada aluno ou grupo de alunos. Eles devem buscar o depoimento de um morador sobre a vida naquele ambiente e escrever um texto. Em seguida, realiza-se a apresentação dos depoimentos em sala de aula, com direito a perguntas dos colegas e do professor sobre as informações coletadas.

Em face dessas e outras possibilidades de motivação, o professor não pode perder aquilo que realmente interessa na realização de qualquer uma delas: a preparação para a leitura do texto literário. Dessa maneira, o primeiro passo na montagem de uma estratégia de motivação é estabelecer o objetivo, aquilo que se deseja trazer para os alunos como aproximação do texto a ser lido depois. Com esse objetivo em mãos, o professor tem apenas como restrição o limite do tempo, pois, como já enfatizamos, uma motivação longa tende a dispersar o aluno em lugar de centralizar sua atenção em um ponto específico que será o texto literário.

Introdução

Para introduzir uma obra canônica como *O cortiço*, a simples e breve apresentação do autor e da obra pode ser a atividade mais adequada. O professor deve levar em consideração que algum aluno já deve ter ouvido falar do livro ou do autor e aproveitar esse conhecimento para localizar com economia os dados críticos, biográficos e bibliográficos ao lado da justificativa da seleção. Há, entretanto, outras possibilidades. Para *O cortiço*, planejamos três diferentes introduções que podem ser combinadas com a introdução tradicional, conforme o interesse do professor.

A primeira é a entrada temática, que toma a motivação como eixo. Nesse caso, a abordagem será centrada na questão da moradia. O livro será apresentado como uma reflexão sobre as condições de moradia do Rio de Janeiro nos últimos anos do Império feita por um autor crítico da organização social da época. Convém que esse tipo de entrada temática seja breve, porque seu papel é apenas sugerir uma porta para o texto e não determinar a interpretação, ou seja, ela serve para despertar o interesse do aluno pela obra e não conduzir sua leitura.

A segunda introdução vem do aproveitamento do acervo da biblioteca. Não é raro encontrar várias edições de *O cortiço* na biblioteca escolar. A proposta é que o professor selecione três ou quatro edições e faça com os alunos uma leitura da edição do livro. O objetivo é chamar a atenção para o que elas indicam sobre o conteúdo, a imagem de leitor e as condições propostas de circulação. Desse modo, pode-se destacar, por exemplo, que se trata de uma edição didática pela presença de suplementos de leitura ou de uma edição de coleção indicada pela capa dura.

Como terceira possibilidade, sugere-se a leitura das primeiras páginas em sala de aula para apresentação das personagens principais. *O cortiço* é um romance que favorece essa introdução porque traz nas primeiras páginas não só a apresentação das personagens principais, como também de seu espaço, que, como se sabe, é fundamental na leitura dessa obra. O professor não precisa ler o texto por inteiro, basta que destaque os trechos centrais à descrição do espaço e das personagens.

Todas essas possibilidades podem ser ampliadas com a leitura de prefácios, orelhas e outros textos que constituem a apresentação do livro. O professor pode até trabalhar com a apresentação de outra obra diretamente relacionada com aquela a ser lida, conforme sugestão de um aluno que usou o cartaz de um filme que adaptava o texto clássico ou aquele que levou para seus alunos um comercial de TV que se apropriava da personagem principal do livro. Nesse caso, o cuidado é não desviar a atenção do aluno para o texto segundo em detrimento do texto primeiro. Como outro aluno muito bem observou, tal estratégia deve englobar a leitura do filme ou do texto segundo em algum momento da sequência para que os alunos não se sintam traídos na apresentação. Qualquer que seja a introdução desenhada pelo professor, não é adequado que ela ultrapasse o limite de uma aula e convém que seja logo seguida das negociações de prazos da leitura extraclasse.

Leitura

Na questão da leitura, que convém ser feita prioritariamente extraclasse, o professor e os alunos buscarão acertar em conjunto os prazos de finalização da leitura. Em algumas turmas, esse acerto pode requerer uma negociação delicada. Em outras, será conveniente observar a disponibilidade de tempo dos alunos para essa atividade, entre outras tarefas escolares. Independentemente do tipo de acerto feito e das suas condições, o tempo de leitura precisa ter um limite claro. Ele não pode ser tão curto a ponto de deixar uma parte dos alunos sem conhecimento do texto, nem tão longo que leve à dispersão da leitura. Nesse sentido, é importante levar em consideração que se tende a despender mais tempo nos capítulos iniciais, quando as personagens e situações básicas da narrativa são introduzidas, do que nos últimos, posto que para isso concorre tanto para o conhecimento que já se tem das linhas gerais da história quanto para a proximidade do desenlace. Além disso, há sempre a possibilidade de um colega ter lido um pouco mais do que o outro, o que tende a acelerar o tempo da leitura da turma.

É claro que cabe ao professor estabelecer um sistema de verificações que, como foi mencionado, pode ser feito por meio dos intervalos de leitura. Esses intervalos são também momentos de enriquecimento da leitura do texto principal. A participação dos alunos e as relações que eles conseguem fazer entre os textos demonstram a efetividade da leitura que está sendo feita extraclasse.

Para *O cortiço*, planejamos três intervalos que buscam dialogar com a obra em diferentes enfoques. O Intervalo 1 é uma leitura da canção *Saudosa maloca*, de Adoniran Barbosa. A letra e até a música são facilmente localizadas na internet, assim como informações sobre o compositor. Trata-se de uma canção que tematiza a moradia, mas pelo lado daqueles que não a possuem. Trata-se de três homens expulsos da casa abandonada que haviam invadido, porque em seu lugar será construído um edifício de vários andares. Sem lugar para morar, eles terminam dormindo na rua, aparentemente conformados e apoiados apenas na providência divina. Implicitamente, a canção fala do processo de urbanização dos grandes centros urbanos – cujo exemplo maior é São Paulo –, que transforma as casas em edifícios e desloca os mais pobres para a periferia das cidades, quando não os condena às ruas e aos viadutos. É esse abandono da população mais pobre à própria sorte e a marcha da urbanização agora verticalizada que aproximam os dois textos e permitem que a turma discuta a questão da moradia no Brasil.

Na leitura da canção, é importante que se tomem dois cuidados. Um em relação à própria canção, ou seja, não ceder à tentação de tratá-la como um poema, deixando de lado a unidade que há entre música e palavra. Como os demais gêneros, a canção requer uma leitura que a trabalhe como tal e não como um poema com rimas evidentes, conforme acontece usualmente. Outro cuidado consiste em não reduzir a leitura da canção a um apêndice do romance. Tanto é assim que se aconselha que seja feita a leitura da canção em primeiro lugar e só depois se buscará relacioná-la com *O cortiço*. Essa orientação vale para todos os intervalos, cujos textos não podem ser diminuídos ante a obra literária objeto da leitura central. Por fim, caso o professor considere que a canção *Saudosa maloca* terá pouco apelo perante seus alunos, poderá escolher outra de sua preferência ou que julgar mais adequada, a exemplo de *Refavela*, de Gilberto Gil, que trata das favelas, como indica o título, ainda que em um registro menos evidente. Também pode recorrer a videoclipes de artistas que estejam mais próximos das preferências artísticas dos alunos, sem ignorar a união entre imagem, movimento e música que constituem esses textos.

O Intervalo 2 focaliza a dificuldade de sobrevivência e o imaginário popular em um conto de Lima Barreto. Trata-se de *A Cartomante*. É a história de um homem perseguido pela má sorte que busca na consulta a uma cartomante entender e romper o malefício que julga impedir seu caminho para o trabalho e uma vida mais digna para a família. O tratamento dado à personagem pelo narrador, entre irônico e compassivo, revela certa comunhão entre os dois em oposição ao distanciamento que em geral se observa entre personagens e narrador em *O cortiço*. Todavia, o desfecho inesperado aproxima ambos os textos ao sublinhar a inexorabilidade do destino que parece reger com requintes de crueldade a vida dos mais pobres. Esses são alguns dos aspectos que se pode enfatizar no momento em que se realiza a aproximação entre o romance e o conto. Para tornar o trabalho mais produtivo, é possível ao professor solicitar aos alunos que identifiquem dentre as personagens de *O cortiço* aquela que mais se identifica com o protagonista anônimo de Lima Barreto.

Embora o trabalho com textos do campo literário seja bastante produtivo nos intervalos, nada impede que o professor adote textos de outras áreas. Na verdade, a exigência é que eles sejam, além de relacionados ao texto principal, de curta extensão, a fim de que a atividade seja efetivada em uma única aula ou não perturbe a leitura da obra central. O Intervalo 3, por exemplo, é a leitura de uma imagem. Trata-se da fotografia de um cortiço no centro do Rio de Janeiro, de 1906. A imagem encontra-se disponível no *site* desenvolvido pela UFRJ, com dados sobre o programa Favela-Bairro <http://www.fau.ufrj.br/prourb/cidades/favela/frames. html>, inclusive com um histórico sobre as favelas que pode ser usado pelo professor se o desejar. A fotografia, em preto e branco, mostrando, no plano principal, o quintal de um cortiço, com várias roupas estendidas no espaço entre os telhados e, na parte inferior, algumas pessoas agrupadas. Ainda que a fotografia diga respeito diretamente ao livro de Aluísio de Azevedo, o professor não deve esquecer que a primeira leitura é da fotografia em si mesma. Aliás, ler uma imagem é um exercício de perspicácia que pode gerar muitas associações imprevistas. Cabe ao professor deixar fluir as leituras dos alunos, demandando apenas coerência com a imagem apresentada. Ao final, estes devem escolher um trecho de *O cortiço* que melhor se identifique com a fotografia, sendo requerida a mesma coerência. A depender da disponibilidade de tempo, pode-se, ainda, solicitar uma justificativa por escrito da relação entre trecho e imagem proposta pelo aluno.

Buscamos de forma intencional trazer a leitura de textos diversificados para os intervalos a fim de mostrar ao professor que não há limites ou imposições rígidas na seleção de textos. Mais que isso, é preciso compreender que o literário dialoga com os outros textos e é esse diálogo que tece a nossa cultura. Por essa razão, é papel da escola ampliar essas relações e não constrangê-las. Embora não seja o único momento para o estabelecimento desse diálogo ao longo do processo de letramento literário, os intervalos podem e devem ser usados para cumprir tal objetivo.

Primeira interpretação

A primeira interpretação destina-se a uma apreensão global da obra. O objetivo dessa etapa é levar o aluno a traduzir a impressão geral do título, o impacto que ele teve sobre sua sensibilidade de leitor. Desse modo, a produção de um ensaio ou mesmo de um depoimento pode ser o registro ideal dessa primeira interpretação. Normalmente, os alunos reagem bem a essa liberdade de dizer o que pensam sobre a obra lida sem restrições de forma. Basta que o professor proponha a atividade e disponibilize o tempo para realizá-la.

Em algumas turmas, entretanto, faz-se necessário que se encaminhe de maneira um tanto mais direta a primeira interpretação. Nesse caso, o professor pode lançar mão, por exemplo, da técnica da entrevista, que pode ser realizada de duas maneiras. A primeira delas, uma entrevista informal, ou seja, os alunos em dupla devem indagar um ao outro o que mais o atraiu na leitura da obra. Depois dessa conversa, cada um deve redigir o texto dizendo em que sua leitura diverge da leitura do colega. A segunda é uma entrevista formal. O aluno prepara as perguntas e as encaminha por escrito a um colega. Este deve respondê-las, tendo a opção de tomar as perguntas como um roteiro para elaborar o seu ensaio ou de encaminhar a resposta para o colega, que fará o ensaio contrastando suas posições com a do colega. Outra possibilidade é a sugestão de um tema consensual em que todos irão se debruçar. O professor faz a indicação após consultar os alunos. No caso de *O cortiço*, um tema plausível em nosso planejamento é a habitação como lugar social – o cortiço e o sobrado. Todavia, o professor não deve se surpreender se os alunos preferirem tratar das relações amorosas ou temas que sejam mais interessantes para eles.

Qualquer que seja a maneira de encaminhar a primeira interpretação, convém que ela seja feita em sala de aula ou, pelo menos, iniciada na sala de aula. Essa exigência decorre do caráter de fechamento de uma etapa que a primeira interpretação precisa trazer consigo. Ela deve ser vista, por alunos e professor, como o momento de resposta à obra, o momento em que, tendo sido concluída a leitura física, o leitor sente a necessidade de dizer algo a respeito do que leu, de expressar o que sentiu em relação às personagens e àquele mundo feito de papel. A disponibilização de uma aula para essa atividade sinaliza, para o aluno, a importância que sua leitura individual tem dentro do processo de letramento literário.

É por isso que o aluno precisa ser livre para escrever o que desejar dentro dos limites dados. Nesse processo, cabe ao professor intervir minimamente a fim de evitar que essa primeira interpretação sofra com sua intervenção. Aliás, o papel do professor é apenas de estabelecer as balizas para a produção do texto e não de participar da elaboração dele. Também não se pressupõe que os alunos construam uma posição comum como turma a respeito da obra lida. Ao contrário, quando mais individuais forem as leituras maior será o enriquecimento da turma. Por essa razão, não se aconselha para essa etapa da sequência expandida a realização de debates ou atividades em grupos. Esse é o momento em que o aluno se encontra com o livro e esse encontro, por mais que tenha sido mediado pelo trabalho de motivação, introdução e leitura, precisa de liberdade e individualidade para se efetivar plenamente.

O respeito pela liberdade e pela individualidade da leitura do aluno não é, porém, um pretexto para que se aceite um julgamento sumário da obra, do tipo gostei ou não gostei, ou a recusa de um texto elaborado sob o argumento de que não tenho nada a dizer sobre esse livro. Aliás, a primeira interpretação terá dificuldade em se efetivar positivamente se for conduzida, quer pelo professor, quer pelos alunos, em termos de mera avaliação da obra. É antes a compreensão que se busca entrever na apreciação feita pelo aluno, ou seja, o valor do texto do aluno está na capacidade de compreender a obra e não em julgá-la de modo crítico, embora as compreensões mais profundas não deixem de ser intensamente críticas. Nesse sentido, nada impede o professor de apontar, nas leituras mais superficiais, as inconsistências que julgar importante para uma compreensão maior da obra, solicitando inclusive que o aluno realize uma reescritura. Naturalmente, esse trabalho requer sensibilidade e extremo respeito pela leitura realizada pelo aluno.

Contextualização

A noção de contexto literário é uma forma tradicional de separar a literatura da história, isto é, o contexto é simplesmente a história. Essa concepção fica muito clara quando se observa nos livros didáticos a introdução aos estilos de época por meio de uma síntese histórica que denominam de contexto. Por vezes, reconhecendo-se a distância entre esse contexto e o texto, buscou-se estabelecer uma relação que abarque a produção literária e a história do período por meio da história das ideias. Desse modo, explica-se o uso intenso de antíteses e paradoxos no Barroco como resultado das dissensões religiosas dos movimentos da Reforma e Contrarreforma que quebraram a unidade religiosa da Europa ou a rebeldia dos heróis românticos pelo impacto das ideias iluministas na sociedade e assim por diante. Todavia, mesmo quando fora de um esquema redutor de causa e consequência, esse tipo de relação entre a história e a literatura tende a pecar pelo excesso de generalidade ou pela singularidade da explicação. Tem razão, pois, Dominique Maingueneau (1995) quando critica tanto essas explicações, quanto a divisão entre contexto e obra literária.

Inspirados em Maingueneau, sugerimos a contextualização como o movimento de ler a obra dentro do seu contexto, ou melhor, que o contexto da obra é aquilo que ela traz consigo, que a torna inteligível para mim enquanto leitor. Dessa maneira, toda a vez que leio um livro estou também lendo seu contexto, simplesmente porque texto e contexto se mesclam de tal maneira que resulta inútil estabelecer fronteiras entre eles. Em lugar de uma fronteira como linha de delimitação entre territórios distintos, a relação entre texto e contexto deve ser analisada como a passagem em um limiar, um espaço que pode ser estendido até o ponto em que a vibração ou o efeito deixa de ser percebido. É assim que certos contextos parecem mais evidentes para certos leitores do que para outros. É assim que determinados aspectos da obra podem ser explorados em sala de aula.

A contextualização que propomos compreende o aprofundamento da leitura por meio dos contextos que a obra traz consigo. Nesse sentido, o número de contextos a serem explorados na leitura de uma obra é teoricamente ilimitado. Sempre é possível acrescentar ou ampliar um contexto já dado. No entanto, como nossa intenção é indicar ao professor um caminho para ler de maneira explícita a obra em seu contextualmente, vamos apresentar, no início, sete contextualizações: teórica, histórica, estilística, poética, crítica, presentificadora e temática.

Contextualização teórica

A contextualização teórica procura tornar explícitas as ideias que sustentam ou estão encenadas na obra. Não se trata, porém, de fazer história das ideias a partir do texto literário, mas sim de verificar como em certas obras determinados conceitos são fundamentais. Aliás, esse é bem o caso de *O cortiço*. Como qualquer manual de literatura explicita, Azevedo buscou traçar em seu livro a força do determinismo biológico na vida dos seres humanos. Dessa maneira, nossa proposta de contextualização teórica para *O cortiço* procura explorar as relações entre ciência e determinismo biológico. A atividade pode ser desenvolvida com a ajuda da professora de Biologia, por exemplo, como parte da cooperação interdisciplinar. Os alunos poderiam ser orientados a apresentar um estudo que teria como tema a multiplicação da célula-mãe – a seleção natural.

Contextualização histórica

Mais próxima do tradicional, a contextualização histórica abre a obra para a época que ela encena ou o período de sua publicação. Aqui é pertinente que se evite uma visão estreita da história como mera sucessão de eventos. Essa contextualização visa relacionar o texto com a sociedade que o gerou ou com a qual ele se propõe a abordar internamente. Por isso, não convém fazer dela uma caça aos dados historicamente estabelecidos, para verificar-lhes a exatidão; antes se deve buscar a dimensão histórica que toda obra literária possui, seja como representação, seja como produção, seja de ambas as formas. Na verdade, a contextualização histórica pode desdobrar-se em várias outras segundo os interesses dos alunos, como a contextualização biográfica, que tratará da vida do escritor, e a contextualização editorial, que abordará as condições de publicação da obra na época. No caso de *O cortiço*, o estudo da vida cotidiana do final do Império e das disputas que ali se travavam para construir o Brasil do século XX pode ser uma contextualização histórica de grande valor para aprofundar a leitura.

Contextualização estilística

A contextualização estilística responde pela grande demanda dos professores pelo saber literário tradicional. Ela está centrada nos estilos de época ou períodos literários, mas precisa ir além da identificação de traços ou características dos movimentos em recortes textuais. Em primeiro lugar, o professor não deve ignorar que os períodos literários são abstrações construídas *a posteriori* pelos historiadores, logo são as obras que informam os períodos e não inverso. Depois, nenhuma obra se identifica inteiramente com o período. De fato, elas participam do período no sentido de que ele é construído a partir delas. Com isso, o período literário é um complexo estilístico, uma virtualidade que a obra efetiva de maneira peculiar. Tendo isso em mente, a contextualização estilística deverá buscar analisar o diálogo entre obra e período, mostrando como uma alimenta o outro. Em *O cortiço*, o naturalismo pode ser estudado a partir da obsessiva fidelidade ao real que conduz os escritores a manifestar em suas obras certa preferência pelo baixo, pelo degradado, pelo marginal, ao lado de uma forte preocupação com as teses das ciências ditas à época experimentais.

Contextualização poética

Também dentro do escopo tradicional dos estudos literários, a contextualização poética responde pela estruturação ou composição da obra. Aqui o risco é reduzir a poética a uma lista de figuras no caso da poesia ou a categorias como personagem, narrador, tempo, espaço e outras no caso de narrativas literárias, a exemplo do romance. Tudo isso faz parte de uma poética, mas seu estudo não se restringe à catalogação de itens. Desse modo, esses elementos podem e devem fazer parte da contextualização poética como instrumentos de análise, como mecanismos de compreensão do funcionamento das obras literárias. Na contextualização poética, o que se busca observar é a economia da obra, como ela está estruturada, quais os princípios de sua organização. Para tanto contam as categorias tradicionais de análise literária, quer em termos macro como os gêneros, quer em termos micro como a elaboração da linguagem. É a leitura da obra de dentro para fora, do modo como foi constituída em termos de sua tessitura verbal. É assim, por exemplo, que a poética de *O cortiço* pode ser analisada na estrutura opositiva complementar que articula quase todas as personagens, tanto horizontal quanto verticalmente, como acontece com as personagens femininas Rita Baiana e Piedade, no primeiro caso, e Bertoleza e Estela, no segundo. Também pode ser estudada a linguagem descritiva que permeia toda a obra e como ela configura não só o espaço, mas também o narrador e as demais categorias narrativas.

Contextualização crítica

Comum nos cursos de graduação em Letras quando os professores demandam nas aulas de literatura uma revisão crítica do que já foi publicado sobre determinadas obras ou escritores, a contextualização crítica trata da recepção do texto literário. Nesse caso, ela pode tanto se ocupar da crítica em suas diversas vertentes ou da história da edição da obra. Nesta última situação, aquelas já canonizadas costumam trazer um material mais farto e, portanto, mais fácil de ser realizado. Na primeira situação, é incabível dizer que não se aplica a obras contemporâneas. Mesmo uma obra recém-publicada terá alguma notícia no jornal e alguma leitura feita no prefácio ou nas orelhas. Essa é uma contextualização interessante e que deveria ser minimamente praticada, ainda que se tivesse outra ou outras em mira, sobretudo quando se tratar de obras canonizadas. O confronto de leituras no tempo e no espaço é um diálogo poderoso no processo de letramento literário. Ele nos dá a dimensão do tempo e do leitor que as obras carregam consigo no universo da cultura. São elos de uma corrente que vai se ampliando e se transformando a cada novo leitor que a ela se acrescenta. Para tanto, é fundamental que o professor não trate a crítica especializada como a voz autorizada a dizer a importância do texto, nem mesmo assuma essa voz como sua na leitura da obra com os alunos. Ler a crítica deve ser visto como uma das muitas possibilidades de abordar o texto. A contextualização crítica é, assim, a análise de outras leituras que tem por objetivo contribuir para a ampliação do horizonte de leitura da turma. Nesse sentido, para além da crítica acadêmica, uma fonte interessante para essa contextualização pode ser encontrada nos textos escritos especialmente para os alunos, como os manuais didáticos que trazem informações sobre aquele livro específico e os roteiros ou guias de leitura, como acontece com obras canônicas, a exemplo de *O cortiço*. O manuseio desse material demanda um exercício mais crítico da parte do aluno, mas pode ser um ponto de contraste e confronto enriquecedor com as leituras acadêmicas.

Contextualização presentificadora

A contextualização presentificadora ou simplesmente presentificação é uma prática usual nas aulas de literatura do ensino médio, assim como a contextualização temática. Na maioria das vezes, o professor as utiliza para despertar o interesse do aluno pela obra, chamando sua atenção para o tema e as relações dele com o presente. A presentificação é a contextualização que busca a correspondência da obra com o presente da leitura. Trata-se, por assim dizer, de uma atualização. O aluno é convidado a encontrar no seu mundo social elementos de identidade com a obra lida, mostrando assim a atualidade do texto. É importante que esse processo seja conduzido com atenção pelo professor, uma vez que se corre o risco de estabelecer uma relação superficial, violentando a realidade histórica da obra. Tome-se como exemplo *O cortiço*. Nada mais adequado do que aproximá-lo das favelas de hoje, mas a simples identidade entre os dois tipos de moradia não beneficia a compreensão de um ou de outro. Não só porque os cortiços são anteriores às favelas ou um de seus antecessores mais diretos, mas também porque são arranjos diferenciados para problemas que permanecem sem solução. Nesse sentido, a presentificação mais interessante talvez não seja aquela que busca as semelhanças entre as favelas e os cortiços, mas sim aquela que explora, sob a semelhança do problema da moradia urbana, as diferenças dos arranjos que a população mais pobre é forçada a adotar. Outro caminho que a presentificação pode trilhar é a busca da mesma diferença. Nesse caso, uma aproximação inusitada que quebre a relação esperada pode ser muito mais produtiva na leitura da obra. Na análise de *O cortiço*, por exemplo, os conjuntos habitacionais tipo BNH ou os condomínios de luxo podem ser tão representativos na presentificação da obra como as favelas.

Contextualização temática

A abordagem temática é, sem dúvida, o modo mais familiar de tratar uma obra para qualquer leitor dentro ou fora da sala de aula. De certa forma, ela retoma o caminho "natural" do leitor que, sem compromissos com o saber literário, comenta com o amigo ou alguém que lhe seja próximo a sua última leitura, falando do tema ou dos temas tratados na obra. Na escola, entretanto, como parte do processo de letramento literário, a contextualização temática precisa fugir das soluções fáceis e buscar mais rigor na sua execução. Em primeiro lugar, não pode entreter-se apenas com o tema em si, mas sim com a repercussão dele dentro da obra. Depois, é preciso não fugir da obra em favor do tema, isto é, muitas vezes o estudo daquele tema é tão interessante que a obra fica para trás e o que deveria ser um estudo literário passa a ser um estudo deste ou daquele assunto. Isso acontece particularmente com os temas mais polêmicos que entusiasmam os alunos. Nesse caso, cabe ao professor fazer a delimitação rigorosa do trabalho dedicado ao literário e solicitar o acompanhamento do tema no campo de interesse dos alunos por um docente de outra disciplina. Com isso, não podará o desejo dos alunos de avançar na temática despertada pela leitura do texto literário, nem incursionará por área que demanda um conhecimento mais específico ou que esteja afastada de seus próprios interesses. Em *O cortiço*, temas como a prostituição, a condição feminina e o racismo podem suscitar bons debates em sala de aula e gerar uma contextualização temática de alto rendimento na leitura da obra.

Conforme já indicamos anteriormente, a contextualização não se resume a essas sete propostas. Na verdade, elas podem ser ampliadas, divididas e reconfiguradas de acordo com o trabalho a ser realizado. Há, entretanto, algumas orientações que devem ser observadas no que diz respeito à contextualização como etapa do letramento literário.

A primeira delas é que professor e alunos não podem considerar a contextualização algo externo ao texto, uma atividade escolar destinada a preencher o tempo, mas sim uma maneira de ir mais longe na leitura do texto, de ampliar o horizonte de leitura de forma consciente e consistente com os objetivos do letramento literário na escola.

Depois, é conveniente que a contextualização seja feita, de preferência, por meio de uma pesquisa e apresentada à turma como tal. Essa pesquisa pode envolver os mais diversos procedimentos de coleta de informações – como entrevistas, levantamento na internet, consulta a bibliografia especializada etc. –, mas não pode deixar de ser planejada pelos alunos sob orientação do professor. Em outras palavras, não basta dizer para os alunos que pesquisem isto e aquilo. É preciso que a pesquisa seja orientada por um planejamento que receba a chancela do professor. As formas de apresentação dos resultados da pesquisa devem ser também previamente discutidas com a turma. Seminário, debate e ensaio são recursos tradicionais, mas nada impede que outras formas sejam adotadas, como uma exposição de imagens, uma sequência de *slides*, uma encenação e assim por diante. O importante é que haja um registro da pesquisa. Em alguns casos, como dos debates, convém que um registro escrito seja providenciado para toda a turma antes ou depois do evento. Em outros, o resultado da contextualização será apresentado com a segunda interpretação, quando o registro escrito deverá ser compulsório.

Outra orientação diz respeito a qual ou quais contextualizações a turma irá seguir. Cabe ao professor planejar várias contextualizações, mas é o interesse dos alunos demonstrado na primeira interpretação que vai determinar aquela ou aquelas que vão ser seguidas por eles. Também com base nos resultados da primeira interpretação é que os alunos serão divididos em grupos para trabalhar o contexto. Aqui é conveniente que o professor tenha em mente que a contextualização é uma atividade destinada a grupos de alunos e que o grupo do eu sozinho deve ser evitado, já que o objetivo é levar a um aprofundamento compartilhado da leitura. Na escolha da contextualização, que pode ser uma única com várias divisões ou uma combinação de duas ou mais, um cuidado a ser tomado é evitar o retalhamento ou a divisão sem unidade de sentido, conforme os trabalhos de grupo em que cada aluno faz um pedaço e o todo se transforma em um monstrengo ininteligível. Nesse sentido, um bom planejamento saberá combinar as diferentes contextualizações em um todo coerente. Um exemplo é a combinação da contextualização temática, histórica e presentificadora em torno da moradia em *O cortiço*.

Compartilhar a pesquisa com professores de outras disciplinas é também uma possibilidade que a contextualização oferece. Desse modo, inúmeros trabalhos interdisciplinares, que trazem benefícios tanto para a formação dos alunos quanto para a integração dos docentes e da escola, podem ser realizados. Um caso particular de trabalho interdisciplinar é o envolvimento de profissionais de fora da escola nas atividades de contextualização. O tratamento da sexualidade em *O cortiço*, por exemplo, pode ser feito com a ajuda do professor de Biologia, mas também poderá englobar palestras ou uma consultoria de um sexólogo ou de um estudioso das questões de gênero.

Segunda interpretação

Ao contrário da primeira interpretação, que busca uma apreensão global da obra, a segunda interpretação tem por objetivo a leitura aprofundada de um de seus aspectos. É, por assim dizer, uma viagem guiada ao mundo do texto, a exploração desse enfoque. Ela pode estar centrada sobre uma personagem, um tema, um traço estilístico, uma correspondência com questões contemporâneas, questões históricas, outra leitura, e assim por diante, conforme a contextualização realizada.

Essa ligação entre contextualização e segunda interpretação é indissociável e pode acontecer de maneira direta ou indireta. A indireta é aquela em que o aluno realiza a contextualização separadamente, ou seja, a pesquisa é feita sem que se estabeleça uma relação prospectiva e imediata com a atividade seguinte. Articulam, assim, duas atividades distintas, o estudo do contexto e a leitura da obra, ainda que relacionadas de forma íntima. Nesse caso, é conveniente que a contextualização seja feita, de preferência, em grupo e a segunda interpretação pode ou não ser realizada individualmente pelo aluno. Também é interessante que o professor promova a apresentação da contextualização para que toda a turma compartilhe os resultados das pesquisas antes de realizar a segunda interpretação.

A ligação direta consiste na integração entre as duas etapas sem que se estabeleça uma quebra entre elas, isto é, a contextualização e a segunda interpretação são realizadas como se fossem uma única atividade. Aqui o professor pode simplesmente solicitar que o aluno incorpore a pesquisa à segunda interpretação por meio da abordagem daquele aspecto na obra. Com isso, a relativa independência da contextualização deixa de existir e a atividade será mais produtiva se realizada em duplas ou individualmente, devendo, portanto, ser evitada em grupos de três ou mais alunos.

Outra possibilidade de ligação direta é aquela realizada por meio de um projeto. Nesse caso, contextualização e segunda interpretação são dadas juntas e efetivadas dentro de um todo maior que é o projeto. Para efetivar esse projeto, o professor não deve deixar de pedir aos alunos sua formalização, com apresentação de título, objetivo, justificativas, procedimentos, cronograma e bibliografia. Naturalmente, o grau de elaboração desses itens – que podem incluir hipótese, pergunta etc. – vai depender da série e da faixa etária dos alunos, mas mesmo aqueles das séries iniciais podem fazer uma proposta de leitura que implique uma pesquisa de determinado aspecto de uma obra. O importante é que essa pesquisa conduza a um aprofundamento da interpretação inicial e não perca a obra como seu horizonte de leitura. Uma vez elaborados, os projetos devem ser apresentados à turma para que possam ser discutidos e estratégias de colaboração possam ser estabelecidas entre as diferentes propostas. Também não se deve esquecer que o recurso ao projeto requer uma apresentação dos resultados alcançados e o compartilhamento deles com a turma. Qualquer que seja a forma escolhida pela turma para essa apresentação e compartilhamento, ela não dispensa um registro formal, que pode até ser, entre outras possibilidades, um caderno de ensaios sobre a obra objeto da leitura. Para *O cortiço*, é possível tomar um tema mais amplo como moradia ou sexualidade e solicitar que os alunos busquem em seus projetos abordagens específicas desse tema geral.

Essa prática do projeto tem vários benefícios no processo de letramento literário. A primeira delas é que permite maior autonomia na leitura da obra porque o planejamento da atividade passa a ser mais compartilhado ou até mesmo transferido do professor para o aluno. Depois, a integração entre a contextualização e a segunda interpretação em um projeto colabora para um equilíbrio maior entre as duas etapas, gerando harmonia e coerência na leitura da obra. A adoção do projeto também favorece a diversidade de abordagem da obra e, consequentemente, o desejado aprofundamento da leitura da turma. Do mesmo modo, os interesses dos alunos podem ser contemplados mais facilmente, inclusive com a possibilidade de convivência entre projetos individuais e projetos de grupos. Por fim, desde o planejamento até a apresentação dos resultados, um projeto conduz a vários registros que possibilitam um acompanhamento mais seguro da atividade, assim como facilitam o processo de avaliação.

Independentemente do caminho escolhido pelo professor, a segunda interpretação não pode prescindir de um registro final que evidencie o aprofundamento da leitura. Esse registro pode ser aquele do projeto, mas também pode ser aquele feito após o compartilhamento dos resultados dos projetos. Para alunos mais adiantados, o ensaio parece ser a maneira mais adequada de se efetuar esse registro final, visto que é um exercício de escrita individual com forma relativamente livre quando comparado, por exemplo, com o relatório. Todavia, há outras possibilidades, como uma exposição de cartazes para escola, seminários com a presença de público externo à turma e a confecção de um livro com o resultado da leitura. Atente-se que esse registro final funcionará melhor se for negociado com os alunos e claramente estabelecido pelo professor antes da contextualização.

É importante que o professor perceba que se a primeira interpretação é um momento de introjeção da obra na história de leitor do aluno – daí a ênfase sobre o encontro pessoal entre obra e leitor –, a segunda interpretação deve resultar em compartilhamento da leitura. Esse é o ponto alto do letramento literário na escola. O aprofundamento que se busca realizar na segunda interpretação deve resultar em um saber coletivo que une a turma em um mesmo horizonte de leitura. É esse compartilhamento de leituras sem a imposição de uma sobre a outra, antes com a certeza de que a diversidade delas é necessária para o crescimento de todos os alunos, que constrói uma comunidade de leitores. É o reconhecimento de que uma obra literária não se esgota, antes se amplia e se renova pelas várias abordagens que suscita, que identifica o leitor literário.

Expansão

Com a segunda interpretação, encerra-se o trabalho de leitura centrada na obra e é chegado o momento de se investir nas relações textuais. É esse movimento de ultrapassagem do limite de um texto para outros textos, quer visto como extrapolação dentro do processo de leitura, quer visto como intertextualidade no campo literário, que denominamos de expansão. Desse modo, a expansão busca destacar as possibilidades de diálogo que toda obra articula com os textos que a precederam ou que lhes são contemporâneos ou posteriores.

Dentro da perspectiva do método, a expansão pode resultar de uma relação já prevista na obra, como citação direta ou indireta. São as relações com as obras que lhe são anteriores, que serviram de inspiração ou que estavam no horizonte de leitura do autor e foram por ele apropriadas e atualizadas de alguma forma naquela obra. O professor pode aproveitar essas referências para apresentar a nova obra ou incentivar os alunos a buscarem a relação intertextual. Neste último caso, é importante que tenham certo repertório, sem o qual a atividade fica inviabilizada. Em *O cortiço*, por exemplo, é possível estabelecer relações intertextuais com obras como *O Germinal* e *Naná*, de Émile Zola, ou *O Crime do Padre Amaro* e *O Primo Basílio*, de Eça de Queirós, todas tendo como horizonte a estética naturalista.

A expansão pode ser também um diálogo que o leitor constrói entre duas ou mais obras. Nesse caso, tanto o professor quanto os alunos podem propor a obra segunda para que sejam buscadas as relações possíveis. Aqui é importante que o professor tenha em mente que as relações que nos parecem evidentes nem sempre são percebidas do mesmo modo pelos alunos. Algumas vezes, a relação prevista é descontruída pelos alunos e relações inesperadas podem surgir. Dentro do escopo das releituras da estética naturalista, uma aproximação possível para O cortiço pode ser feita com o romance A selva, de Ferreira de Castro, que trata da vida dos seringueiros na Amazônia, ou com Luna caliente, de Mempo Giardinelli, novela argentina sobre uma relação obsessiva entre um homem maduro e uma adolescente, que termina em tragédia. Também os filmes e as minisséries televisivas que foram baseados na obra são um material interessante para esse tipo de expansão, devendo para tal serem lidos como reelaborações do texto e não sua mera transcrição em outro registro.

O trabalho da expansão é essencialmente comparativo. Trata-se de colocar as duas obras em contraste e confronto a partir de seus pontos de ligação. Isso pode ser feito com a comparação imediata entre as duas obras ou ser desenvolvido de maneira semelhante à sequência básica. Na primeira opção, a obra segunda é rapidamente introduzida e sua leitura é condicionada à relação a ser estabelecida com a obra primeira. O professor já encaminha a atividade a ser feita antes da leitura da obra ou logo depois. Na segunda opção, a sequência básica pode ser reduzida, eliminando-se a etapa da motivação, uma vez que a leitura da obra primeira já funciona como tal. Após a interpretação, realiza-se a comparação entre as obras.

Conforme se pode depreender dos exemplos dados para O cortiço, a expansão, de acordo com que diz seu nome, não tem fronteiras quanto ao tipo de obra, embora se pressuponha que os textos que transitam de alguma forma pelo campo da literatura tenham preferência na seleção, afinal trata-se de letramento literário. Essa abertura da expansão também se reflete na seleção de uma obra para a turma ou mais de uma com os alunos divididos em grupo ou, ainda, uma para cada aluno. Como é de praxe, é importante que o resultado da expansão seja registrado pelos alunos. Quando a obra primeira serve de ponto de partida para a leitura de várias obras segundas, uma feira literária, com os alunos apresentando para toda a escola o resultado da expansão, pode ser a melhor atividade a ser desenvolvida.

Finalmente, a expansão pode ser utilizada ainda para reiniciar a sequência expandida ou iniciar a básica, funcionando como uma motivação. Em *O cortiço*, por exemplo, a expansão pode ser redirecionada para preparar ou motivar a leitura de *O sorriso do lagarto*, de João Ubaldo Ribeiro. Desse modo, considerando que a contextualização escolhida fora a teórica e que se havia estudado a multiplicação da célula-mãe e a seleção natural como princípios do determinismo biológico, propõe-se a leitura do filme *A ilha do Dr. Moreau* (The Island of Dr. Moreau – 1996), dirigido por John Frankeinheimer, tendo como horizonte as relações entre a ciência e o racismo, um dos temas abordados no romance de João Ubaldo Ribeiro. Esse é o fechamento, que é também uma abertura, da sequência expandida. Nos próximos tópicos deste capítulo, vamos apresentar experiências de aplicação do método e buscar responder às dúvidas e às questões que ele tem levantado entre alunos e professores.

Uma experiência reveladora

Sexta-feira. 4ª série. Segundo tempo de aula. O recreio foi barulhento e curto como sempre, mas os alunos retornaram sem reclamar para a sala de aula. Na verdade, alguns até retornaram mais cedo. Eles estão ansiosos. Em breve, retomarão a atividade de leitura com a orientadora educacional da escola. O sentimento que perpassa a turma é um misto de curiosidade e encantamento com o projeto de literatura, como bem traduziu uma das alunas na avaliação: "Quando a professora entrou aqui na sala para fazermos esses trabalhos, nós achamos bem chato porque a gente já fazia redação todas as sextas-feiras. Depois, nós nos acostumamos e começamos a gostar muito". Outros até foram bem mais diretos, como um aluno que disse simplesmente: "Esse trabalho é D+"; ou o que explicou: "Agora, toda sexta-feira, fazemos um trabalho melhor do que outro".

O trabalho ou o projeto Literatura, como depois passaram a denominar a atividade de leitura feita nas sextas-feiras, foi uma invenção da orientadora educacional. Ela está complementando seus estudos na Faculdade de Educação da UFMG e acabou de fazer uma disciplina optativa sobre a literatura em sala de aula. Tão logo entrou em contato com a nossa proposta de letramento literário, propôs-se a apresentá-la na escola estadual de ensino fundamental onde trabalha. Por razões que só quem tem longa experiência em escolas entende, não conseguiu o apoio integral dos professores. Ainda assim não desanimou. Resolveu fazer ela mesma o projeto com os alunos.

Seguindo as etapas da sequência expandida, ela começa pela motivação. Traz para a sala de aula uma cruzadinha, conforme se denomina em linguagem escolar a atividade de preencher espaços com letras em colunas horizontais e verticais, ou seja, as palavras cruzadas. Na vertical a palavra a ser formada é "andorinha" e na horizontal "gato malhado", sendo que apenas a palavra "malhado" está escrita. A atividade é bem simples porque a orientadora feita professora não pode ocupar muito tempo dos alunos e quer realizar a introdução da obra ainda naquele encontro. As perguntas que levam à montagem do quebra-cabeça não apresentam dificuldades e as palavras fazem parte do universo do livro a ser lido. São indicações como "fruto da goiabeira", "satélite da terra", "o ar em movimento" nas verticais; e "ave que nada", "contrário de noite", "estação mais quente do ano", "primeira parte do dia", "ave faladeira", nas horizontais. Apesar de cada aluno ter sua cruzadinha na carteira, a atividade é feita coletivamente no quadro-negro e há intensa disputa para se chegar à palavra correta. A turma faz tanto barulho que, em alguns momentos, é preciso parar a atividade e ordenar a participação, mas logo as palavras voltam a ser lançadas por aqueles que julgam ter adivinhado o segredo da cruzadinha.

A introdução é feita logo após se completar a cruzadinha. A professora apresenta o livro que traz na capa o título *O Gato Malhado e a Andorinha Sinhá*, de Jorge Amado. Como é uma edição dirigida ao público escolar, ela aproveita a página de apresentação e a introdução feita pelo autor. Essa atividade estava prevista para ser realizada pela professora, mas como os alunos parecem ansiosos para manipular o livro e levantam muitas perguntas, ela prefere que eles façam uma leitura silenciosa. Em breve, a turma toda mergulha na leitura e o silêncio que se impõe contrasta com a alegre balbúrdia que se observava anteriormente. Quando voltar para a equipe pedagógica, a professora sabe que deverá explicar a razão do barulho, mas o contraste entre os dois momentos lhe traz bons augúrios sobre a leitura do livro e se sente confiante. Os alunos terminam de ler de maneira desigual e a professora vai conversando com esses primeiros em voz baixa sobre o que acharam. Quando a turma termina a leitura das páginas indicadas, a professora retoma os trechos que julga mais importante e os lê em voz alta, comentando e fazendo algumas perguntas aos alunos. Por fim, estabelece o cronograma de leitura. O primeiro terço do livro deverá ser lido até o próximo encontro e os dois terços finais no seguinte.

A decisão de fazer apenas um intervalo decorre do tamanho do livro escolhido, mas também porque é uma experiência nova na escola e os resultados não podem demorar a surgir. Para o encontro do intervalo, a professora planejou trabalhar com o poema musicado *A arca de Noé*, de Vinicius de Moraes. O poema é um tanto longo e os alunos, dispostos em círculo, não se contentam com uma única leitura auditiva. A professora aproveita esse interesse e na segunda audição vai parando de estrofe em estrofe e discutindo a compreensão do texto. Logo a atividade expande-se para a interpretação, com a rememoração da história de Noé, necessária para entender algumas das referências textuais, a caracterização dos animais e a relação estabelecida entre os homens e os animais. Também a melodia que parece acompanhar o sentido das estrofes é destacada. Esses e outros elementos do poema-canção são analisados oralmente pela turma com o apoio da professora, que funciona como uma espécie de consultora. É ela, por exemplo, quem detalha a história de Noé, já que os alunos só conheciam a parte relativa ao dilúvio e assim mesmo de maneira desencontrada. Também é a professora que chama a atenção para a melodia, mas não precisa explicar a relação, que logo é percebida pelos alunos. O interesse que eles demonstram pelos animais, algumas vezes até extrapolando o texto, favorece a atividade final do intervalo. Depois de checar o andamento da leitura de *O Gato Malhado e a Andorinha Sinhá*, a professora solicita que os alunos encerrem a atividade escrevendo um texto sobre o convívio dos animais. O tempo é curto e vários alunos não conseguem realizar a atividade por completo. A tarefa é transferida para casa, mas com o compromisso de se entregar na segunda-feira, a fim de não comprometer a leitura da obra principal.

Por ser uma produção sem um gênero previamente definido, os alunos puderam escolher o que lhe foi mais conveniente. Sob o título "O convívio dos animais", foram produzidos textos bem diversificados. Um aluno, por exemplo, escreveu:

> O convívio dos animais é bem diferente do nosso convívio. Quando eles estão brincando, parece que estão brigando. [...] O convívio de um pássaro é diferente, pois voam um atrás do outro, dão bicadas um no outro. [...] Os leões quando brincam um com outro parecem que estão brigando, um pula em cima do outro, dão mordidas e até se arranham brincando.

Outra aluna faz observações sobre a vida doméstica dos animais:

> O convívio dos animais em casa é meio estranho, pois o cão e o gato nunca se entendem. Por que será que o cachorro sempre corre atrás do gato? O gato da minha vizinha sempre pula lá em casa e os meus cachorros quase matam o bichinho. Eles bem podiam se entender. Todos os dias, eu tenho que ir ao terreiro salvar o gato e meus cachorros quase me mordem. Ai, que alívio, minha vizinha mudou-se! Ai, não, o namorado da minha irmã trouxe um gato aqui para casa. Até que é bonitinho, mas vou ter que ser mordida pelos meus cachorros de novo. O bom é que ele é um filhote e nem sabe andar direito, mas e quando crescer? Agora ele cresceu. O gato é um capeta. Morde meu pé e vai ao terreiro. Ele é muito chato, mas já me acostumei. Conviver com animais é assim mesmo.

Com o texto produzido no intervalo, a professora inicia o encontro da primeira interpretação. Mas antes dela iniciar a atividade da aula, os alunos já trocam suas impressões finais de leitura. Ela aproveita o zunzunzum da turma para conversar um pouco sobre o assunto. As opiniões são desencontradas, sobretudo pelo final inesperado. Esse é o gancho que a professora se utiliza para solicitar aos alunos que escrevam suas impressões de leitura. Com o título de "Meu pensamento sobre o livro", uma aluna escreveu:

> Eu gostei muito do livro, pois conta a vida de uma andorinha e um gato que no fundo, no fundo, se gostam. A andorinha sempre chama o gato de feio. Será que é verdade que ela acha o gato feio mesmo? E o gato será que ele gosta mesmo da andorinha? Eu acho que no final os dois poderiam ficar juntos e formar um casal muito bonito.

Outro aluno resolve escrever ele mesmo um final para o livro:

> Eu acho que a história deveria terminar assim: a Andorinha Sinhá tem uma nova briga com o Gato Malhado e ficam um bom tempo sem se falar. Mas a Andorinha Sinhá se arrepende e vai na casa do Gato Malhado dizer: – Me desculpe por ter brigado com você. Ele disse: – Então vamos voltar a ser namorados. Ela respondeu sim e eles viveram felizes para sempre.

Uma paralisação dos professores impediu que a contextualização fosse realizada dentro dos moldes previstos. Quando os alunos retornaram às aulas, a professora resolveu realizar um debate sobre a questão das relações entre opostos. Logo após a discussão conjunta, os alunos foram orientados a escrever uma história de relacionamento entre seres diferentes, as dificuldades enfrentadas e daí por diante. Poderiam ser histórias inventadas ou que eles já tivessem ouvido contar ou lido em algum lugar. Muitas dessas histórias versavam sobre os clássicos cão e gato, mas houve quem trouxesse outros exemplos, como a lua e uma estrela que decidem brincar juntas. Houve também um elefante e um rato que enfrentam a aldeia dos elefantes para serem amigos.

A segunda interpretação é feita de forma oral e coletiva. Os alunos discutem a narrativa de Jorge Amado e se ocupam longamente em tratar do relacionamento impossível. Conforme as histórias da contextualização deixavam entrever, eles oscilam entre aceitar a impossibilidade imposta pela natureza diversa dos animais e ignorar esse impedimento propondo que os dois devem simplesmente ficar juntos. A baixa profundidade da discussão, que ficou de certo modo presa ao enredo romântico, mostra à professora que a contextualização não havia cumprido o seu papel. Era um ponto fraco a ser observado na próxima edição de uma sequência expandida.

No encontro da expansão, a professora relembra os pontos principais da história de O *Gato Malhado e a Andorinha Sinhá*, fazendo uma dobradura de pássaro e gato. Em seguida apresenta o conto "A Bailarina e o Vaso Chinês", de Marco Túlio Costa. É feita uma leitura silenciosa e, no momento da discussão, os alunos logo percebem os pontos de semelhança e diferença entre as narrativas, sobretudo pela divergência do final. Ao contrário da andorinha e do gato, o vaso e a bailarina terminam juntos. Em seus textos, produzidos após a discussão, os alunos enfatizam esses elementos e a dificuldade que as diferenças impõem nos relacionamentos amorosos.

Outras paralisações sucedem-se. Os professores lutam por melhores salários e condições de trabalho em uma persistência que só se iguala à permanência no emprego. Quando as aulas voltam à regularidade, a orientadora volta ao projeto de literatura. Os alunos agora demandam a atividade. Ela começa uma nova motivação trazendo para sala de aula pedaços de cartolina amarela nos quais foram impressos, por meio de um mimeógrafo a álcool, linhas vivas e linhas pontilhadas e instruções de montagem do tipo dobra e corta. Quando realizam o recorte, os alunos se veem diante de uma espécie de malinha ou sacola. A professora explica que cada aluno deve escrever em um pedaço de papel um grande desejo que gostaria de ver realizado e colocar dentro da malinha. Em seguida, pede que troquem com os colegas as malinhas com os pedidos dentro. Feita a troca, chega a hora da conversa

A sequência expandida **101**

sobre os desejos. Os alunos, dispostos em grande círculo, vão lendo os desejos e conversando sobre eles. Há muitos desejos. A maior parte dos alunos deseja comprar carro, computador e bicicleta, mas há quem queira também que a família fique junta outra vez, que a mãe arranje um emprego e há até um desejo que a aluna pensa ser bobo: ela quer ser tia. A conversa sobre os desejos estende-se porque todos querem explicar bem por que desejam isso ou aquilo. Ao final, são convidados a escrever um texto falando sobre o desejo e como se sentiriam ao realizá-lo. Alguns dos textos registram as reações: "Se o meu sonho se realizasse, eu pularia de alegria [...]. Seria o melhor e mais feliz dia da minha vida, eu seria a pessoa mais feliz do mundo, me sentiria como uma borboleta". Outros detalham as dificuldades da vida infantil: "Eu pedi uma bicicleta porque, quando vejo as crianças todas alegres andando, eu fico lá triste sem poder brincar com elas"; e as dificuldades da vida adulta também: "Se a minha mãe arranjar um emprego, não vamos ter mais dificuldades com cheques, contas e despesas da casa. No aniversário, poderemos fazer festa e churrasco como todo mundo".

No próximo encontro, a professora traz os textos produzidos anteriormente e aproveita para destacar que os nossos desejos são importantes para nós, que aos olhos de outras pessoas podem parecer tolos, mas cada um tem seus motivos para vê-los realizados. É assim que faz a introdução do livro selecionado para leitura. Trata-se de *A bolsa amarela*, de Lygia Bojunga Nunes. A apresentação do livro em si é muito breve, pois a professora pretende que os alunos o manuseiem por eles mesmos mais tarde, durante a leitura extraclasse. Nesse momento, seu interesse é ler todo o primeiro capítulo em sala de aula. Mesmo assim, ela enfatiza a importância da autora e justifica sua escolha pela qualidade do texto e por ser um livro que pode ensinar a desejar. Após a leitura, os nove capítulos restantes são igualmente repartidos por três semanas, estando prevista para o final de cada uma delas a conferência da leitura.

O planejamento do primeiro intervalo da leitura consiste na produção de uma carta a Raquel, dando-lhe sugestões e incentivos para que ela realize seus desejos. Ao escreverem para a personagem, os alunos revelam forte empatia por Raquel. Eles se mostram preocupados com a impossibilidade de realização do desejo de virar menino, não entendem porque não valorizam sua atividade de escrever e procuram aconselhá-la a perseguir seus sonhos com dicas e sugestões. Uma aluna diz que ela deve se conformar em ser menina porque Deus a fez assim e ele nunca se engana no que faz. Outra a aconselha a escrever escondido ou então escrever uma carta para ela mesma fingindo que é para outra pessoa. Um aluno explica que ser menino também tem suas dificuldades e ela não pode saber disso porque é uma menina. Outros, ainda, dizem saber o que ela está sofrendo porque passam por problemas semelhantes com os irmãos. No final da carta, que em geral não passa de uma página, uma aluna se despede assim: "Um abraço de uma menina maluca que nunca vai te tirar da cuca".

A professora está satisfeita com a performance dos alunos. Eles demonstraram ter lido os capítulos indicados e alguns até avançaram um pouco mais. Para o segundo intervalo, planejou um bingo de palavras. Os alunos recebem uma cartela com três colunas verticais numeradas por 1, 2 e 3 e cinco colunas horizontais sem numeração. Em seguida são ditadas palavras para que sejam escritas aleatoriamente nas colunas horizontais. As palavras ditadas são: menina, guarda-chuva, irmão, alfinete, bolsa, galo e romance. Conforme os alunos logo percebem, são palavras ligadas ao livro que estão lendo. A professora explica que o primeiro a completar a cartela com outras palavras de *A bolsa amarela* será o vencedor, mas não vale consultar o livro. Eles realizam com rapidez a atividade e três deles declaram-se vencedores ao mesmo tempo. Para confirmar a vitória, são chamados a localizar as palavras no livro. Aqueles que não conseguiram preencher a cartela também buscam no livro suas palavras. Após conferir o andamento da leitura com algumas perguntas pontuais sobre os capítulos lidos, a professora pede que escrevam um texto com as palavras de qualquer uma das colunas.

Quando iniciei a escrita deste livro, a terceira semana já havia se completado. Uma súbita transferência para outra cidade e os desconcertos de endereço que acompanham as mudanças intempestivas, impediu minha aluna de mostrar as produções subsequentes de seus alunos. Quando restabelecemos contato, a melhor novidade era que as professoras da escola estavam interessadas no projeto Literatura. Na verdade, toda a escola estava interessada no projeto Literatura. Por solicitação minha, ela fez uma avaliação das atividades com os alunos. Eles aprovaram com entusiasmo o processo de letramento literário e isso contagiou a todos na escola e chegou até a mim. Distanciados por mais de quinhentos quilômetros, escrevi uma carta para os alunos como agradecimento e eles me responderam com comentários, perguntas e uma pontinha de orgulho e satisfação por se saberem lidos fora da escola. Espero encontrá-los, como sugerem alguns, na faculdade. Até lá tenho esperança de ver o espraiamento do letramento literário por todas as escolas e quem sabe nos identificar como aquela turma estava se reconhecendo como uma comunidade de leitores. É isso que eles me dizem quando um deles registra: "O projeto mudou o meu jeito de ler. Antes eu lia por ler, agora eu interpreto".

Os limites da sequência expandida

Tendo em vista que a sequência básica está naturalmente inserida na sequência expandida, cabe ao professor de literatura estabelecer até onde pode ir com seus alunos, quais os passos que seguirá dentro da nova sequência. Esse alerta é importante porque não se pretende estabelecer um caminho único que vá de uma a outra sequência. Ao contrário, desejamos que o professor perceba que, entre as duas, outras tantas sequências podem ser criadas, havendo mesmo a possibilidade de se extrapolar a sequência expandida. Neste livro, estamos nos restringindo a apresentar a sequência expandida tal como a temos praticado e ensinado em nossas aulas. Temos certeza, porém, de que o professor interessado no método saberá encontrar nessa orientação geral o seu caminho para um letramento literário adequado aos seus alunos e à sua escola.

Em nossa experiência, a sequência expandida ocupa um tempo razoável de nossos alunos e por isso costuma ter como limite quatro leituras plenas durante o ano, sendo uma por bimestre. Por concentrar em quatro obras principais o trabalho de leitura literária, há professores que se preocupam se tal procedimento não impedirá o aluno de entrar em contato com um número maior de obras literárias. A resposta mais rápida consiste em opor quantidade à qualidade da leitura. De fato, ao percorrer todos os passos da sequência expandida, o aluno realiza uma leitura aprofundada da obra literária, que dificilmente seria alcançada se o professor privilegiasse a leitura de um número maior de obras. Todavia, isso não é tudo. É importante que o professor também tenha em mente que seu propósito é promover o letramento literário, mostrando ao seu aluno um caminho de leitura que poderá ser transposto para tantos outros textos que ele venha a ler mais tarde ou julgar necessário. Mais importante que a simples oposição entre quantidade e qualidade é a competência de leitura que o aluno desenvolve dentro do campo literário, levando-o a aprimorar a capacidade de interpretar e a sensibilidade de ler em um texto a tecedura da cultura. É essa competência que se objetiva no letramento literário.

Outra questão é a concentração no cânone. Temos dado preferência aos clássicos em nossas sequências expandidas e os professores sempre nos questionam se com isso não estaríamos reforçando o cânone sem fazer o necessário questionamento dele. Muitos professores tomam essa preferência como consequência dos procedimentos metodológicos. Afinal, os autores já canonizados possuem amplo material crítico e, sem dúvida, essa variedade facilita o trabalho a ser realizado tanto pelo professor, no momento do planejamento da sequência, quanto pelo aluno, na busca de informações sobre outras leituras da obra selecionada para estudo. Não obstante reconhecermos essa facilidade, nossa preferência está ligada a uma posição clara sobre o lugar do letramento literário na escola. Sem entrar nas polêmicas que inevitavelmente envolvem a questão do cânone e do mercado editorial, acreditamos que – como já buscamos demonstrar em outro lugar[2] – é papel do professor não ignorar os processos de canonização e de escolarização que a literatura enfrenta para se transformar em herança cultural. Os interesses e os critérios que norteiam as seleções feitas pela crítica, pelo mercado e outros agentes de canonização devem ser explicitados e discutidos com os alunos. Todavia, para além dessa discussão, é preciso que o professor tenha em mente que um dos objetivos do letramento literário na escola é formar uma comunidade de leitores. Esses leitores não devem ser meros consumidores da cultura, quer como tradição, quer como contemporaneidade, mas sim membros de uma comunidade que se apropriam da sua herança cultural e com ela dialogam. Em outras palavras, precisam saber abordar os textos literários segundo seus interesses dentro e a partir da sua comunidade cultural. Nossa posição, portanto, é que a seleção dos textos para serem ensinados e aprendidos como herança cultural não pode prescindir da tradição, uma vez que é essa tradição que diz ao leitor que ele é parte de uma comunidade e é para fazê-lo reconhecer-se como agente dentro dessa comunidade que a literatura existe na escola. Com isso não estamos defendendo, obviamente, que os textos contemporâneos ou não-canônicos devam ser deixados de lado, mas sim que precisam ser trabalhados dentro da perspectiva da formação de um leitor cultural.

Também cabe ao professor resistir à tentação de fazer seu planejamento determinar o interesse de seus alunos. A experiência literária está sempre aberta

A sequência expandida **105**

ao imprevisto e muitas são as possibilidades que o texto literário oferece ao leitor. Por isso, o planejamento da sequência certamente será alterado se o interesse dos alunos for em outra direção. O que importa manter é o objetivo de proporcionar ao aluno o conhecimento da literatura que só pode ser feito, antes de qualquer coisa, pela leitura do texto literário. Do mesmo modo, essa leitura não pode ser feita de maneira aleatória, mas sim dentro de um processo de aprendizagem que é dever da escola proporcionar. Ao professor cabe encontrar o delicado equilíbrio entre os interesses da fruição pessoal e as necessidades da escolarização do literário.

Igualmente, já na sequência básica, mas sobretudo na sequência expandida, há várias tarefas de escrita. Na verdade, o que se pretende é que a escrita esteja sempre acompanhando a leitura. Em primeiro lugar, trata-se de uma questão de registro, que é a função primordial da escrita em nossa sociedade. Depois, o registro do processo de leitura permite que a cada fase o aluno repense e revise seus pressupostos anteriores. É assim que as primeiras impressões de leitura ganham densidade e o letramento literário se efetiva tanto em relação a uma obra, uma vez que ela é lida com intensidade pelo aluno e pela turma, quanto pela ampliação da capacidade de ler textos literários, na medida em que a consulta a procedimentos e resultados registrados em relação a uma obra serve de base para as leituras posteriores.

Para os professores das últimas séries do ensino fundamental, o uso da sequência expandida ao lado da sequência básica tem-se constituído em um exercício de crescimento do leitor e de aprofundamento da leitura de determinadas obras. Porém, os professores das primeiras séries costumam indagar se o uso da sequência expandida não seria inadequado para alunos tão pequenos. Nossa resposta é que não há limites no uso das sequências, isto é, tanto a sequência básica pode ser usada no último ano do ensino médio quanto a sequência expandida no primeiro ano do ensino fundamental. Está claro que os objetivos e os procedimentos do uso das sequências precisam ser ajustados a cada turma e a cada obra.

Um de meus alunos, professor de 1ª série do ensino fundamental, iniciou uma sequência expandida já no primeiro mês de aula. O planejamento apresentou algumas dificuldades porque os alunos estavam descobrindo a escrita, e a alfabetização era a grande preocupação de toda a escola. Por isso, grande parte das atividades foi feita coletivamente pela turma e os registros alternavam-se entre representações gráficas feitas pelos alunos (desenhos ou símbolos), gravações em fita cassete e escrita do professor (uma parte mínima). A leitura do texto, após a motivação e a apresentação, foi feita pelo professor com a ajuda dos alunos, que acompanhavam o deciframento da escrita pelas ilustrações. Esse foi um momento de muitas questões e a leitura foi efetuada em duas etapas: uma primeira, em que a cada página se fazia uma compreensão visual ao lado do deciframento do texto, e uma segunda, em que o professor retomou o livro e o leu com a turma toda em silêncio acompanhando a passagem das páginas.

A primeira interpretação deu-se por meio da discussão do texto, com cada aluno manifestando sua opinião sobre a história, sobre um trecho ou sobre as ilustrações. Essa fase foi gravada e parcialmente transcrita pelo professor para uso nas duas fases posteriores. De imediato, a gravação serviu para que a turma fosse dividida em pequenos grupos de acordo com o interesse demonstrado na primeira interpretação. Esses grupos realizaram a contextualização por meio de recortes de revistas. A tarefa foi selecionar uma imagem que estivesse relacionada à história lida. A segunda interpretação consistiu em dois movimentos. Primeiro um pequeno grupo se uniu a outro que apresentava maior afinidade e compartilharam seus recortes e suas explicações. Depois, esses grupos maiores apresentaram para a turma suas conclusões e o professor as comparava com a transcrição da primeira interpretação para ajudar na discussão. O registro dessa atividade resultou em um grande mural na parede do fundo da sala de aula, no qual todos os recortes foram colados, com legendas feitas oralmente pelos alunos e escritas pelo professor. Como expansão, a turma convidou a bibliotecária da escola para conhecer o mural e, a partir dos interesses nele demonstrados, ajudar a construir o cantinho de leitura da turma, isto é, os livros da biblioteca que seriam emprestados aos alunos para serem lidos durante o ano ficariam em uma estante na sala de aula. Essa maneira original de constituir o acervo inicial do cantinho da leitura e introduzir o letramento em paralelo ao processo de alfabetização certamente ajudou os alunos a fazer da leitura uma parte de suas atividades escolares, mas acima de tudo fez dela uma atividade que envolve prazeres e descobertas, uma atividade de ampliação do mundo e dos indivíduos que dele compartilham por meio da escrita.

Segundo o relato desse professor, não houve dificuldades por parte de seus pequenos alunos em seguir os passos da sequência. Ao contrário, eles responderam com aplicação ao trabalho de leitura ordenado, mostrando que se há limites no letramento literário, isso se dá mais por força de nossos preconceitos do que pela ausência de capacidade de nossos alunos.

Há, também, a preocupação com a progressão histórica. Quando apresentei o planejamento de *O cortiço* para meus alunos do curso de Letras, uma de suas interrogações foi sobre como é que se passava de *O cortiço* para *O sorriso do lagarto*, como se saltava do naturalismo para a contemporaneidade, não haveria uma perda da história literária no processo? Embora legítima, tal preocupação me parece deslocada. Em primeiro lugar, parece supor que a ordem cronológica não pode ser rompida ou que história só é compreendida se estudada em ordem cronológica, em uma linha reta que vai da origem ao presente. Para os que defendem esse tipo de ordenamento, é preciso se perguntar onde começam os fatos culturais? Qual a origem da literatura brasileira? Começamos com o barroco ou com o arcadismo? Não é esse um recorte arbitrário como o são, aliás, todos os recortes históricos? A literatura precisa mesmo ser fatiada em movimentos e períodos estéticos sucessivos para ser estudada na escola? Para responder a essas perguntas não é preciso negar a importância da cronologia – até porque se o professor o desejar ele pode estabelecer uma ordem cronológica na leitura das obras sem grande alteração nas estratégias propostas dentro do método –, mas sim compreender que a história literária é apenas uma das formas de organização possível da literatura e, se o objetivo é promover o letramento literário, é certo que não é a mais adequada para tal, porque engessa os interesses de leitura dos alunos e do professor em uma linha reta e inflexível. Depois, a leitura em profundidade de uma obra seguida de outra distanciada no tempo, como se propôs para *O cortiço* e *O sorriso do lagarto*, tampouco impede que o professor, percebendo a necessidade de explicitar essa distância cronológica, chame a atenção dos alunos para o fato e forneça as informações pertinentes. O que realmente não pode acontecer é que se use tal distância para a exposição da história literária em seus moldes tradicionais, ou seja, uma sucessão de períodos, características, autores e obras. Aqui vale a pena lembrar o que em geral todos os livros de metodologia do ensino da literatura dizem: a História da Literatura é uma disciplina auxiliar e deve estar a serviço da leitura literária e não o inverso. Por fim, mais uma vez, é preciso confiar na força do texto literário e na capacidade de leitura de nossos alunos. É na experiência da leitura, e não nas informações dos manuais, que reside o saber e o sabor da literatura.

Essas são as questões que a prática da sequência expandida nos tem colocado. Naturalmente, outras deverão surgir. Recebemos todas essas dúvidas como questionamentos positivos. Foram elas que alimentaram por vários anos os nossos estudos do método. A cada pergunta uma revisão inteira da proposta era realizada. A cada resposta um passo a mais era dado na construção do método. No próximo capítulo analisaremos uma das questões mais delicadas do ensino de literatura: a avaliação. Para concluir este, vamos deixar registrado o depoimento de uma aluna após a leitura de *O cortiço*. São palavras generosas que recebemos via e-mail e que nos incentivaram a perseverar na confecção deste livro:

> Fiquei pensando como poderia descrever em poucas palavras a experiência que passei lendo o livro *O cortiço* com o método que você criou. Em poucas palavras, e na verdade o que eu fiquei pensando foi justamente em descrever desse modo, digo que fui alfabetizada novamente. Durante o trabalho realizado foi feita uma leitura da obra que eu nem sabia que era possível e a sensação foi essa: eu estava sendo alfabetizada.

Notas

[1] Apenas para auxiliar o leitor na compreensão plena das considerações entretecidas neste capítulo, apresentamos a seguir uma síntese do romance de Aluísio Azevedo. *O cortiço* tem como personagem central João Romão, português muito ambicioso que não mede sacrifícios pessoais nem possui quaisquer escrúpulos morais na luta pela ascensão econômica e social. Seja economizando em roupas e alimentação, seja ludibriando os outros, João Romão consegue comprar o estabelecimento comercial do qual era empregado em um subúrbio carioca. O próximo passo é o amasiamento com uma escrava, Bertoleza, da qual aproveita os serviços na venda e as economias, falsificando uma carta de alforria. É assim que ele consegue comprar um terreno e iniciar a construção de pequenas e amontoadas casas para aluguel, as quais se expandem continuamente até chegar a um grande cortiço denominado São Romão.

No cortiço habita uma pletora de tipos populares, cujo comportamento é descrito pelo narrador em termos zoológicos. Nessas caracterizações, destacam-se os diferentes aspectos da sexualidade humana que, aliados às condições do ambiente em uma perspectiva determinista, levam as personagens à degradação ou mesmo à morte. É o caso do triângulo amoroso representado por Rita Baiana, a mulata fogosa brasileira, Jerônimo, o português trabalhador, e Firmo, o malandro capoeirista. Apesar de casado e com filha, o português é conquistado pela sensualidade de Rita, a quem disputa com Firmo. Na primeira refrega, ele é ferido a navalha por Firmo. Na segunda, Jerônimo mata Firmo a pauladas em uma emboscada. A convivência com Rita, entretanto, transforma-se em perdição e Jerônimo, abrasileirado pela mulata, abandona o trabalho, tornando-se vagabundo e alcoólatra. O mesmo destino tem Piedade, a esposa abandonada do português. Outro exemplo é Pombinha, moça afilhada da prostituta Léonie. Ela é noiva de João da Costa, mas o casamento precisa aguardar a primeira menstruação de Pombinha para se concretizar. A espera é longa e é compartilhada por todo o cortiço. A menstruação chega quando Léonie inicia sexualmente a afilhada. Pombinha termina se casando com o noivo prometido, mas logo abandona o marido e adota a mesma profissão da madrinha.

O cortiço ainda está em processo de expansão quando, no terreno ao lado, vem morar Miranda, rico comerciante português. Este tem em casa mulher, filha, agregado e um estudante de Medicina. As relações entre eles são igualmente degradadas. A mulher traía o marido com os caixeiros e, afastada da loja com a nova moradia, passa a traí-lo com o estudante. Miranda sabe das traições da esposa, mas finge ignorar a situação pelo bem das aparências. Ele também não gosta da vizinhança popular, mas não consegue remover o vizinho inconveniente que prospera cada vez mais, aproveitando-se das mais diversas circunstâncias para ampliar seu patrimônio, a exemplo do seguro de um incêndio e do roubo das economias de um de seus locatários.

O sucesso financeiro de João Romão o leva a ambicionar uma posição na sociedade. Para tanto, começa a cortejar a filha do vizinho, no que é auxiliado pelo agregado parasita. Abre-se, assim, uma negociação em que Miranda entra com a "nobreza" já consolidada e João Romão com o dinheiro para manter os negócios do comerciante. O acordo avança satisfatoriamente para os dois lados, mas há o problema Bertoleza. Para resolvê-lo, João Romão não hesita em entregá-la aos herdeiros de seu antigo dono. No momento em que a polícia chega para prendê-la, Bertoleza suicida-se, cortando o ventre com uma faca de cozinha. Nesse mesmo instante, João Romão recebe de uma comissão abolicionista o título de sócio benemérito.

[2] Rildo Cosson, Entre o cânone e o marcado: a indicação de textos na escola, em Graça Paulino e Rildo Cosson (org.), Leitura literária: a mediação escolar, Belo Horizonte, Faculdade de Letras da UFMG, 2004.

A avaliação

O tipo de avaliação literária consistente com a pedagogia de transformação individual e social deve ser a extensão coerente dos objetivos e métodos prescritos para a implementação de metas objetivas. Se a literatura na escola é acessada através da testagem da compreensão de determinados textos ou no treinar alunos para costurar as anotações ditadas pelos professores na turma, a resposta literária estará cada vez mais distante de se tornar responsabilidade literária.

Cyana Leahy-Dios.
Educação literária como metáfora social (2000).

É difícil encontrar um professor que não tenha ouvido falar do caráter pontual das avaliações feitas exclusivamente por meio de testes, da necessidade de realizar uma avaliação do processo e outros preceitos contemporâneos que cercam o trabalho de avaliação escolar. De certa forma, pode-se dizer que há um consenso teórico sobre a avaliação como um diagnóstico da aprendizagem e das condições em que ela se realiza. As várias atividades de avaliação são índices que permitem a análise do desempenho do aluno, mas também do professor e da escola. Esses índices devem ser recolhidos ao longo do processo a fim de que possam cumprir essa função diagnóstica, ou seja, quando analisados criticamente, permitem que se corrijam ou confirmem procedimentos e se identifiquem necessidades que estão ou deveriam ser atendidas para se atingir os objetivos. Isso não impede a realização de uma avaliação ao final do processo, que oferece aos participantes uma necessária visão geral dos resultados alcançados, mas retira sua antiga posição central. Do mesmo modo, a autoavaliação passa a ser um mecanismo legítimo de registro e controle do ensino e da aprendizagem, desde que concebida como uma reflexão que o aluno faz de sua aprendizagem, tanto em termos daquilo que já aprendeu e como aprendeu quanto daquilo que não aprendeu e por que não aprendeu. Cabe ao professor oferecer aos alunos os instrumentos qualitativos e quantitativos da avaliação, mas a condução do processo não pode mais ser unidirecional, antes deve ser compartilhada para que possa ser efetiva.

Na área do ensino de língua materna, essas novas concepções de avaliação são articuladas com os novos paradigmas de ensino na área, como se observa no caso da produção dos textos. Em relação a essa prática de linguagem, demanda-se a eliminação das chamadas situações artificiais de interlocução, devendo-se buscar interlocutores efetivos na escritura e a reescritura de textos. Também é rejeitada a excessiva preocupação com a ortografia e a forma do texto em detrimento do registro daquilo que o aluno deseja dizer. Não é conveniente que a produção escrita seja um mero pretexto para a correção da norma culta, mas sim um espaço de interlocução de cujas informações aluno e professor podem se apropriar para verificar a eficácia do uso da linguagem.

Os avanços dos pressupostos e das práticas de avaliação percebidos no ensino da língua não se refletem do mesmo modo no ensino de literatura. Na verdade, como nas aulas de literatura o aluno ainda não é tratado como sujeito, mas sim como mero receptor do conteúdo texto ou das informações do professor, o processo de avaliação tende a acompanhar essa orientação. Não surpreende, portanto, que uma das grandes preocupações seja a comprovação da leitura realizada, com perguntas que visam identificar dados textuais, como o nome tal e o que ela faz após isso ou aquilo. Quando na última pergunta do questionário de leitura se pede a posição do aluno, ela é tratada como uma opinião de visita ilustre que não se deve contrariar, ou seja, qualquer coisa que for dita deve ser aceita, já que a resposta é livre. Esse desprezo pela leitura literária do aluno é diametralmente oposto à valorização da leitura do professor, do livro didático ou do crítico literário. Donos das informações tomadas como fatos e não ferramentas que os ajudam a dar sentido a suas leituras, esses agentes do saber literário transformam os alunos em espectadores silenciosos e apáticos do exercício "mágico" de interpretação do texto e demandam como avaliação a simples reprodução da voz professoral, em geral por meio de testes ou resumos que só comprovam o grau da memória dos alunos.

Todavia, não é apenas o descentramento do aluno, de quem se rouba o papel de agente da leitura literária, que impede um processo de avaliação mais atualizado. Por trás dessa prática descentralizadora, permanece a concepção de que literatura é uma arte que não se ensina, logo não pode ser avaliada. A leitura literária, nessa concepção, é algo tão fugidio e frágil que qualquer tentativa de aprisioná-la em testes ou notas terminará por afastar o leitor do texto. Desse modo, cabe ao professor aceitar como válidas as impressões de leitura dos alunos, sem maiores questionamentos, porque elas são o único produto legítimo do sentimento inefável que une a obra e o leitor.

Para romper com essas práticas e concepções que pouco têm a ver com o letramento literário, propomos, antes de qualquer coisa, que o professor tome a literatura como uma experiência e não um conteúdo a ser avaliado. Desse modo, é a leitura literária feita pelo aluno que está no centro do processo de ensino e aprendizagem, devendo a avaliação buscar registrar seus avanços para ampliá-los e suas dificuldades para superá-las. O professor não deve procurar pelas respostas certas, mas sim pela interpretação a que o aluno chegou, como ele pensou aquilo. O objetivo maior da avaliação é engajar o estudante na leitura literária e dividir esse engajamento com o professor e os colegas – a comunidade de leitores. Com isso, não se está endossando o impressionismo observado acima. Ao contrário, a leitura do aluno deve ser discutida, questionada e analisada, devendo apresentar coerência com o texto e a experiência de leitura da turma. Só assim se poderá aprofundar os sentidos que se construiu para aquela obra e fortalecer o processo de letramento literário individual e de toda a turma.

Tendo a construção de uma comunidade de leitores como objetivo maior do letramento literário na escola, nossa proposta favorece a explicitação da avaliação em diferentes momentos do processo de leitura. A sequência básica traz três grandes pontos de apoio para a avaliação da leitura literária. O primeiro deles está nos intervalos que acompanham a leitura da obra. São momentos de checagem do andamento da leitura que ajudam o professor e os alunos a compartilhar suas impressões iniciais e, no caso de obras mais longas, rever as hipóteses lançadas na introdução. Aqui não se pode esquecer que todo início de leitura é, necessariamente, subjetivo e impressionista. Se o professor conduz o aluno nesses primeiros passos, sem censurá-lo e reconhecendo sua leitura como própria, buscando aprofundar essas primeiras impressões, então terá melhores resultados. O segundo e o terceiro pontos de apoio estão muito próximos: são a discussão e o registro da interpretação. Na discussão é possível que se façam as correções da leitura, entendendo-se que essa correção é apenas um momento da avaliação, aquele que aponta um caminho a ser seguido após um diagnóstico do percurso percorrido e a ser percorrido para se atingir determinado objetivo. Já o registro da interpretação após a discussão permite verificar o balanço final, ou seja, se o objetivo da leitura foi alcançado. Usualmente, o professor reserva esse produto para receber uma nota, mas é importante que essa nota reflita o processo de leitura como um todo e não apenas seu resultado final.

Em relação à sequência expandida, além daqueles já destacados na sequência básica, o processo de avaliação tem mais três pontos de apoio. Os dois primeiros acontecem na segunda interpretação, que funciona do mesmo modo que na primeira. O terceiro localiza-se no registro da expansão. Há, entretanto, uma diferença importante no que diz respeito às etapas do processo de letramento literário. Na segunda interpretação e na expansão, os alunos devem necessariamente incorporar o que já foi realizado antes. Com isso, demanda-se maior atenção para a concatenação entre as fases da leitura, devendo haver coerência entre elas, ou pelo menos uma justificativa da mudança de rota feita pelo aluno. Também devem demonstrar o desejado aprofundamento da leitura daquela obra.

Esses pontos de apoio do processo de avaliação se fazem basicamente por meio de registros escritos e discussões. Por tradição, a escola privilegia o escrito, que é sua língua de registro, no entanto é conveniente que o professor se preocupe de modo preferencial com o conteúdo da resposta em lugar de sua forma. Isso não quer dizer que a forma não importa, mas sim que a despeito da segurança que o registro escrito possa apresentar para o professor, ele nem sempre poderá ser o mais adequado para a avaliação da atividade. Da mesma maneira, é preciso explorar a variedade de gêneros em que o registro escrito pode ser efetivado pelo aluno. Para além do ensaio e da resenha, há o diário de leitura, o relatório, o diálogo e tantas outras formas de registro escrito, como o professor pode verificar em nosso anexo.

As discussões são uma questão mais delicada na escola. Para alguns educadores, envolver os alunos em debates é um desperdício do tempo escolar que deveria ser dedicado à leitura e à escrita ou ao "verdadeiro" aprendizado, ou seja, aquele emanado da exposição do professor. Argumenta-se também que o barulho e a dispersão que acompanham algumas discussões demonstram que seu uso em sala de aula implica mais perdas do que ganhos de aprendizagem. Dentro do processo de letramento literário, consideramos que o investimento em atividades como debates, exposições orais e outras formas de linguagem oral em sala de aula são fundamentais, ou seja, a discussão é uma atividade tão importante quanto aquelas centradas na leitura e na escrita. Reconhecemos, entretanto, que comumente falta às discussões sobre a leitura de textos em sala de aula a autenticidade das verdadeiras discussões. Por um lado, o professor libera os alunos para conversar sobre o livro sem objetivo ou orientação especificada. O resultado é que eles tendem a se perder em temas paralelos ou simplesmente resumem o texto ou o descrevem segundo impressões particulares sem que se verifique nenhum trabalho de análise. Por outro, o professor controla a discussão de tal maneira que se assemelha a um interrogatório, com indagações aos alunos sobre aquilo que acredita ser o mais importante na leitura da obra. Aos alunos resta responder a essas perguntas tentando adivinhar o que o professor deseja ouvir. Para evitar esses extremos, a discussão precisa recuperar sua autenticidade, ou seja, deve trazer perguntas de quem tem dúvidas e respostas de quem acredita saber a resposta. Para tanto, é importante que o professor atue como um moderador e não o catalisador da discussão, evitando dar a primeira e a última palavra sobre a obra. Seu papel é coordenar a discussão e ajudar os alunos a sintetizar seus resultados; essa última atividade, aliás, deve preferencialmente ser feita de maneira coletiva, com a participação de todos os alunos. Daí a importância de as discussões serem iniciadas em pequenos grupos para que os estudantes ajustem suas leituras e tragam para a turma os pontos convergentes e divergentes de maneira mais consolidada. Nada impede também que as discussões sejam combinadas com o registro escrito, com o professor reservando momentos específicos para sua realização.

Por fim, se estamos criando um espaço no qual os alunos estão lendo literatura com objetivo, precisamos resistir à tentação de avaliar a performance do aluno a cada momento ou valorizar com pontos cada atividade realizada. Na verdade, devemos ter sempre em mente que a leitura literária é um processo que vai se aprofundando à medida que ampliamos nosso repertório de leitura e a avaliação deve acompanhar esse processo sem lhe impor constrangimentos e empecilhos. Da mesma forma, a avaliação não pode ser um instrumento de imposição da interpretação do professor; antes deve ser um espaço de negociação de interpretações diferentes. São essas negociações que conduzem à ultrapassagem das impressões iniciais individuais e configuram o coletivo da comunidade de leitores.

As reinvenções da roda

Conclusão

Em um tempo remoto, quando os homens começaram a se agrupar em busca de auxílio mútuo para garantir a sobrevivência de todos, uma única família poderia ser uma aldeia. Nessas famílias, os homens empenhavam-se na captura de animais e na colheita de frutos que podiam ser transformados em alimento. Além de facilitar a busca e a obtenção de mais alimentos para o grupo, as aldeias feitas de família favoreciam a defesa comum contra os ataques dos animais e o enfrentamento das intempéries de uma natureza pouco compreendida. Todavia, quando a família conseguia ultrapassar as adversidades imediatas, o crescimento natural da aldeia significava usualmente sua morte. Logo os animais desapareciam da região e as árvores e os arbustos jaziam sem frutos. Restava aos homens, às mulheres e às crianças partirem para outro local, deixando ali boa parte do que haviam construído, já que não havia como transportar os resultados de seus esforços para longe.

Eis que um dia, quando toda a aldeia se preparava para partir, um filho se aproximou do pai para aconselhar-se. Na noite anterior, após lamentar o que perdia por causa da partida, imaginou que se colocasse um tronco embaixo de um grande fardo de peles poderia transportar muito mais do que o pouco que conseguiam arrastar ou levar preso às costas. O fardo se moveria mais facilmente e ocuparia poucos homens, permitindo que outros providenciassem alimento e proteção ao longo da jornada. Nem bem ele acabara de falar, o pai experiente já recusava a sugestão. Para ele, aquilo não iria dar certo. As peles poderiam se soltar quando começasse o movimento, o tronco poderia deslizar e esmagar os homens que o puxavam e daí por diante. Em suma, era tudo muito complexo para ser colocado em prática. O melhor era continuar do jeito que estavam.

Muitas estações vieram e muitas aldeias desapareceram. Algumas, entretanto, conseguiram permanecer. Favorecidos pela proximidade de uma corrente de água, os homens não mais apenas caçavam e colhiam o que encontravam nos arredores de seus acampamentos. Eles buscavam domesticar a natureza, criando animais e disseminando grãos pela terra para mais tarde recuperá-los multiplicados. Com isso, as aldeias cresceram e permitiram que diversas famílias se agrupassem. Para governar a aldeia, já não bastava o pai comum. Agora, os destinos da aldeia passaram a ser entregues aos pais mais velhos, que constituíam o conselho de anciãos.

Em uma dessas aldeias, o conselho de anciãos determinou que se construísse uma muralha para proteger os habitantes de vizinhos belicosos e de animais selvagens que os atacavam aproveitando-se da escuridão da noite. Para essa construção, fazia-se necessário arrastar grandes blocos de pedra que destruíam tudo na sua passagem, inclusive a vida daqueles que os arrastavam. Foi por isso que um dos chefes dos transportadores imaginou que se colocasse o bloco de pedra sobre dois troncos ficaria mais fácil guiar o transporte, além de agilizar o trabalho. Quando levou a ideia ao conselho, os anciãos explicaram que todas as construções da aldeia haviam sido feitas do mesmo modo. Aquela era a maneira segura que todos conheciam, não valia a pena correr o risco das inovações. Eles sempre fizeram assim e haviam chegado à velhice, os jovens deviam fazer o mesmo.

Muitos sóis e muitas luas se passaram. As aldeias cresceram e se multiplicaram. Algumas delas ganharam importância por ser o lugar onde os produtos eram armazenados ou concentravam as operações de troca entre as aldeias próximas. Nessas grandes aldeias, tudo era regido por uma casta de homens que mantinham estreitas relações com os deuses. Eram eles que diziam quando plantar, quando colher, quando os deuses estavam em fúria ou em paz com os homens.

Certo dia, um noviço dessa casta de reguladores sociais aproximou-se de seu superior e revelou que havia descoberto uma forma de facilitar o transporte dos grãos das aldeias vizinhas para serem guardados na grande aldeia. Ele havia observado que, ao se arrastar os fardos de grãos entre uma e outra aldeia, se perdia uma enorme quantidade pelo rompimento dos fardos. Desse modo, seria conveniente que se colocasse os fardos sobre uma plataforma, encaixando-a sobre dois troncos roliços. Os fardos ficariam protegidos e os grãos não se perderiam. Atribuía aquela ideia a uma inspiração divina, uma vez que as extremidades em círculo apontavam as formas perfeitas do deus sol e da deusa lua. O superior mal ouviu o noviço. Com autoridade daqueles que têm um contato mais próximo com o alto e o desconhecido, explicou que essa inspiração nada tinha de divina. Na verdade, deveria prover de algum espírito maligno e deveria ter como objetivo ofender os deuses. Se fosse realmente de origem divina, teria ocorrido a um superior e não a um simples noviço. Determinou, portanto, que ele calasse seus pensamentos e, para evitar que o espírito indesejado se manifestasse outra vez, ocupasse o corpo e a mente apenas com orações, como faziam todos os outros noviços.

Os homens nasceram e morreram. As aldeias cresceram e se fortificaram. Os habitantes de uma aldeia passaram a combater os de outra em busca do domínio que trazia riquezas. Os homens adotaram a guerra e a escravidão como modo de vida. As aldeias maiores e mais fortes eram agora governadas por um único homem, que se dizia rei. Foi em uma dessas aldeias grandes e fortificadas, agora chamadas reinos, que um jovem conselheiro se aproximou do rei para lhe apresentar o que chamava de Transporte Divino. Tratava-se de uma pequena caixa colocada sobre um tronco fino cujas extremidades eram guarnecidas com duas bolas achatadas que fariam a caixa se mover. Para o movimento, a caixa deveria ser atada a um animal forte e veloz.

O rei achou a ideia interessante e chamou os outros conselheiros para que se pronunciassem. O jovem conselheiro aguardou com ansiedade a decisão de seus pares. Quando finalmente, após cuidadoso exame do projeto, o mais velho dos conselheiros falou, sentiu grande decepção. Com a condescendência típica dos que acreditam saber bem mais do que os outros, o conselheiro mais velho informou ao rei que isso já fora feito antes, só que com outro nome. Tantas vezes fora feito, tantos diferentes nomes foram empregados, mas em nenhuma das ocasiões havia funcionado. A força dos deuses estava no rei e não em um objeto criado pelos homens.

Houve, porém, uma aldeia pequena, uma aldeia grande e um reino em que um homem deu forma a suas inquietações, outro a seus sonhos e outro a suas descobertas. Foi assim que a roda foi inventada e reinventada. Porém, se a roda foi inventada e reinventada em tantas sociedades é porque sempre houve alguém que acreditou no novo, na possibilidade de fazer diferente. Se a roda não foi inventada ou reinventada em algumas sociedades é porque sempre houve alguém que pensou que não daria certo porque era demasiado complexo. Alguém que não aceitava tentar o novo porque sempre fora feito daquela maneira e funcionava. Alguém que não aceitava o novo porque a ideia não era dele ou temia perturbar quem estava acima na cadeia do poder. Alguém que por desconhecimento ou culto da ignorância, ou simplesmente por arrogância, acreditava que o novo era apenas outro nome para aquilo que já havia sido feito antes.

∗   ∗   ∗   ∗   ∗

Neste livro, buscamos responder às demandas de professores e alunos por um ensino significativo de literatura. A proposta que foi delineada nos pressupostos e nas práticas ao longo dos capítulos tem como centro a formação de um leitor cuja competência ultrapasse a mera decodificação dos textos, de um leitor que se apropria de forma autônoma das obras e do próprio processo da leitura, de um leitor literário, enfim.

Ser leitor de literatura na escola é mais do que fruir um livro de ficção ou se deliciar com as palavras exatas da poesia. É também posicionar-se diante da obra literária, identificando e questionando protocolos de leitura, afirmando ou retificando valores culturais, elaborando e expandindo sentidos. Esse aprendizado crítico da leitura literária, que não se faz sem o encontro pessoal com o texto enquanto princípio de toda experiência estética, é o que temos denominado aqui de letramento literário.

Construída com a solidariedade de muitos alunos e colegas, nossa proposta de letramento literário mostra o caminho que percorremos para fazer da literatura na escola aquilo que ela é também fora dela: uma experiência única de escrever e ler o mundo e a nós mesmos. Os professores e os alunos que desejarem compartilhar esse caminho talvez descubram que a prática do letramento literário é como a invenção da roda. Ela precisa ser inventada e reinventada em cada escola, em cada turma, em cada aula. Nessa reinvenção contínua do mesmo, que não se faz sem oposição como na fábula, o ensino de literatura passa a ser o processo de formação de um leitor capaz de dialogar no tempo e o no espaço com sua cultura, identificando, adaptando ou construindo um lugar para si mesmo. Um leitor que se reconhece como membro ativo de uma comunidade de leitores.

Oficinas

As atividades que serão apresentadas a seguir realizaram-se, em grande parte, em sala de aula nas mais diversas circunstâncias. Algumas foram adaptadas e outras copiadas integralmente de livros ou de experiências relatadas. Não houve de nossa parte preocupação em identificar as fontes, que podem ser consultadas na bibliografia, sobretudo nos livros que tratam de oficinas. Aliás, nós adotamos a denominação de oficinas porque desejamos enfatizar o caráter de atividade prática, de algo que requer a ação dos alunos e não a simples exposição do professor, mas não há compromisso com as teorias sobre criatividade nas quais as oficinas usualmente se inserem.

Para nós, o importante é que o professor perceba que essas atividades são possibilidades que só adquirem força educacional quando inseridas em um objetivo claro sobre o que ensinar e por que ensinar desta ou daquela maneira, isto é, elas devem estar integradas em um todo significativo, no nosso caso a sequência básica ou a expandida ou outra criada pelo professor. Sem uma direção teórica e metodológica estabelecida, podem até entreter os alunos e diverti-los, mas certamente não apresentarão a efetividade esperada de uma estratégia educacional. É por isso que as tomamos como indicações para que o professor, de acordo com sua perspectiva de letramento literário, desenvolva suas aulas. São, assim, esboços de um desenho que só se concretiza no fazer cotidiano da aula. Que essas estratégias sirvam de inspiração para novas e tantas outras formas de desenvolver a competência de ler na escola!

A flor do seu nome

O animador oferece uma flor a cada um dos participantes para que ele diga o que significa seu nome ou a origem do nome na família etc. Trata-se de uma oficina muito interessante para dar início a cursos. No caso de uso dentro das sequências, pode ser usada para a leitura de textos em que seja interessante mostrar a motivação que os nomes das personagens possuem e como esses nomes contribuem para a interpretação daquela obra.

Quadrilha

Os participantes ficam um de frente para o outro em círculo, como se fossem parceiros de quadrilha. Eles se cumprimentam apresentando-se e vão passando de um para o outro até chegar ao parceiro inicial. Essa é uma oficina para quebrar o gelo, usada em primeiros dias de aula. Ela pode ser aproveitada para encerramentos, como forma de todos se congratularem pelo curso. Dentro do processo de letramento literário, é possível utilizá-la para que uma turma apresente um livro a outra, com os alunos falando das personagens. Também é útil para que uma turma conte suas leituras a outra, seja no ambiente da biblioteca da escola ou da estante de leitura da sala de aula.

Palavra-sensação

Os participantes devem escrever uma ou duas palavras para cada sensação/ significado. Depois, elas são listadas para que todos conheçam as palavras e as repetições sejam eliminadas. Por fim, escreve-se um texto individual ou coletivo com essas palavras. Ex. Grupo I – sensações físicas: frio, escuro, quente, áspero, claro, transparente, opaco, macio; Grupo II – sensações/sentimentos: liberdade, amor, tristeza, cansaço, harmonia, alegria, prazer, solidão. É uma maneira interessante de introduzir tematicamente um texto. Nesse caso, as palavras escolhidas devem estar relacionadas ao texto. Eles podem ser os sentimentos de uma personagem ou a uma situação que centralize uma narrativa. Pode ser também as palavras que fazem parte do campo semântico de um poema.

Baile de máscaras

Cada participante recebe um papelzinho com o nome de uma pessoa famosa. Ele deve fazer uma descrição, usando características físicas e psicológicas dessa pessoa. Cada participante lê em voz alta sua descrição, e os outros devem tentar adivinhar de quem se trata. Alternativa de expansão: formam-se grupos de duas a cinco pessoas, que devem criar uma narrativa da qual participem as pessoas famosas que cada componente do grupo descreveu. Realiza-se uma leitura em voz alta. Essa oficina pode ser usada para introduzir um texto com referências a personagens históricas. Também gera bons frutos na introdução de textos que tenham uma base descritiva, operando-se uma aproximação que, independentemente de ser ou não temática, funciona pela mesma estrutura.

Carteira de identidade

Os alunos sentam um de frente para o outro. Cada um descreve o outro com brevidade. Depois as descrições são trocadas e lê-se o que o outro pensa que ele é. Essa leitura pode ser silenciosa ou feita em voz alta. Alternativamente, é possível ao professor solicitar que os alunos ilustrem essa descrição e até que organizem uma exposição com os textos. Essa atividade serve tanto para a introdução de um texto quanto para um intervalo, nesse caso relacionando as personagens aos alunos, dentro do processo natural de identificação quando se lê um romance.

Palavra-chave

Um aluno fica no centro da sala e os colegas devem dizer uma palavra que o defina – a palavra-chave. Ele pode demandar uma explicação, e os colegas podem justificar por que acreditam que essa palavra o define. Uma variação consiste em dispor a turma em círculo de costas uns para os outros. Um aluno escreve com um pedaço de papel nas costas do outro uma frase ou palavra sobre ele. Nas sequências básica ou expandida, essa oficina pode ser usada para introduzir um novo livro que tenha sido lido por aluno e que deseja recomendar aos outros. Nesse caso, o colega do centro do círculo assumirá o papel do livro ou da personagem-título. Também pode ser usada para verificar como anda a leitura de uma obra se usando a variação de escrever nas costas um do outro algo que se sabe sobre a história. Depois, verifica-se se as informações são pertinentes.

Acróstico

Usar siglas para fazer um acróstico. O professor escreve a letra inicial no quadro e cada participante deve fazer uma associação: com a letra tal escrevo isso e assim até por diante. Quando contemplar a sigla, chamar a atenção dos alunos para a diferença entre as palavras que formam a sigla e o sentido que se pode inscrever partindo de novas palavras. Essa é uma oficina usada preferencialmente com poemas, para explorar o campo semântico ou determinadas imagens.

Final contrário

Dividir a turma em dois grupos iguais. Ao primeiro, recomenda-se a escrita de uma história infeliz; ao segundo, uma feliz. Em seguida, forma-se uma fila dupla de carteiras, tomando-se o cuidado para que as duplas iniciais tenham a mesma orientação, ou seja, sejam ambas do final feliz ou infeliz e sejam dispostas sucessivamente, uma feliz e outra infeliz. Estabelecidas as parcerias, o professor dá início a uma história bem simples e os alunos providenciam um final. Tendo escrito o primeiro final, um dos alunos da dupla troca de lugar com outro colega que necessariamente deverá ser contrário ao final anterior e vai-se aumentando a história com novos finais até a dupla original ser refeita. Como a oficina resulta em uma história extensa, o professor lerá apenas uma história e guardará as outras para serem lidas a cada dia de aula do curso. No letramento literário, essa atividade pode ser usada para introduzir e acompanhar uma narrativa com muitas peripécias, um romance de aventuras por exemplo.

Contos de fadas modernos

O professor pede aos alunos que relembrem as histórias de fadas que conheçam. Essa atividade é preferencialmente oral e o professor não precisa se preocupar em recuperar a totalidade das histórias, mas o maior número possível delas. Uma maneira de fazer isso é retomar o nome das personagens e tão logo as protagonistas forem identificadas, passar para outro conto de fada. Em seguida, os alunos são divididos em grupos, que devem escolher um conto de fada. O professor entrega para cada grupo um ou dois bilhetes com nomes de objetos modernos para serem incorporados à história. O conto de fadas do Chapeuzinho

Vermelho, por exemplo, pode ser agraciado com DVD e os alunos precisam acrescentar essa palavra com criatividade e coerência na história. Ao final, faz-se uma roda de leitura das histórias. É uma ótima atividade para introduzir a leitura de narrativas que reescrevem outras narrativas ou partem delas para gerar nova história, contos de fadas ou não.

Dissertação prática

Essa é uma atividade muito comum nas escolas. Consiste em dividir a turma em grupos de quatro alunos. Os grupos devem discutir um tema em termos de vantagens e desvantagens. Após essa discussão, o professor lista as vantagens e desvantagens no quadro com a ajuda dos alunos, que devem explicitar por que consideram que tal aspecto do tema é uma vantagem ou desvantagem. Ao final, solicita-se que os alunos produzam um texto apresentando duas vantagens e duas desvantagens e sua posição a respeito do tema. Nas sequências básica ou expandida, essa oficina ajuda o professor a apresentar textos que tratem de temas polêmicos ou cuja trama enseje o posicionamento dos alunos.

Em busca da solução

O professor elabora um problema para que o aluno apresente uma solução. Esse tipo de atividade funciona bem em duplas, uma vez que permite que os alunos troquem impressões e discutam as possibilidades de solução. É claro que a atividade dependerá do problema que for apresentado. O professor pode recorrer a jornais ou textos literários para selecionar o problema. Nesse caso, convém trazer o texto original para que o aluno tome conhecimento da situação na fonte. É importante não esquecer que a solução do aluno demanda coerência, mas não necessariamente conformidade com a solução dada pelo autor ou pelo desenrolar dos eventos no jornal.

Boca de forno

Trata-se do aproveitamento de uma antiga brincadeira de criança. Originalmente, a brincadeira consiste em eleger, entre os participantes, um mestre. Este ordena tarefas para que sejam cumpridas pelos demais. O que consegue

126 Letramento literário: teoria e prática

cumprir a tarefa primeiro ou que a executa com exatidão ocupa o lugar do mestre. Aquele que não consegue cumprir a tarefa ou o último a executá-la paga uma prenda. Na transposição para a sala de aula, o professor pode ser o primeiro mestre, depois substituído pelos alunos. A brincadeira deve começar conforme a tradição, com um diálogo entre o mestre e os participantes dispostos em círculo. O mestre inicia e os participantes respondem sempre em uníssono.

– Boca de forno!
– Forno!
– Quando eu mandar!
– Vou!
– E se não for?
– Sofre.

As ordens devem ser bem breves e ter um objetivo final a ser cumprido. Por exemplo, pode-se pedir que digam cinco palavras começadas com P; palavras com quatro sílabas; palavras que rimem com "ele"; verbos começados por V; andar em volta dos outros. É interessante intercalar atividades linguísticas com atividades físicas para que o clima de brincadeira não se perca. Essas palavras podem ser anotadas como pagamento de prenda e a ordem final pode ser justamente fazer um texto aproveitando as palavras anotadas. É uma atividade que ajuda a exploração de poemas, sobretudo aqueles em que se explora com mais intensidade os recursos do ritmo e da rima.

Solidariedade

Essa oficina é similar à anterior, mas com uma estrutura mais leve. O professor solicita que os alunos façam um círculo e estabelece uma tarefa. Para que todos se animem a realizá-la, o professor entoará com os alunos uma canção de encorajamento para aquele aluno que não consegue realizar a tarefa. Essa canção é repetida duas vezes. Se o aluno não conseguir, deverá sair do círculo e pagar uma prenda qualquer.

A canção de encorajamento é:
– Tente. Tente. Vale a pena tentar. Se você tentar, nós podemos te ajudar!

Uma tarefa usual consiste em encadear uma frase com outra seguindo uma história ou uma descrição. Por exemplo, em uma descrição, o professor começa dizendo: "Estou no Museu de História Natural e estou vendo [...]". Essa oficina é uma boa oportunidade para se criar histórias coletivas, ampliar vocabulário ou treinar novas estruturas linguísticas. No nosso caso, serve para contextualizar as histórias, especialmente para aquelas cujo cenário ou dados históricos são pouco familiares.

Relógio

Essa é uma oficina destinada à construção de narrativas. Ela consiste em dividir os alunos em dois grupos. Um deles será o futuro e outro o passado. O professor inicia uma história e aponta para o aluno para que ele continue a contá-la – no passado ou no futuro. Depois o texto criado coletivamente é registrado. Para que a oficina ganhe dinâmica é importante que o professor escolha os alunos aleatoriamente, movendo os braços como se fossem ponteiros de um relógio. O ponteiro da hora poderá ser o passado e o ponteiro dos minutos poderá ser o futuro. O mesmo pode ser feito em termos de positivo e negativo para qualidades de uma personagem e daí por diante. A história básica que o professor usa nessa oficina pode ser justamente o início de um conto ou de um romance. Assim, os alunos poderão em seguida verificar como as histórias deles e a do autor se aproximam e se afastam ao retratar o futuro e o passado das personagens.

As palavras da tristeza e da felicidade

É uma oficina simples que parte de uma lista de palavras para produzir um texto. O professor solicita aos alunos que escrevam dez palavras que expressem tristeza. Depois, pede que escrevam dez palavras que expressem felicidade. Lista as palavras no quadro e as comenta com os alunos, destacando as coincidências e as singularidades. Finalmente, os alunos são instados a escolher cinco palavras de cada tipo e fazer um texto. Alternativamente, o professor pode solicitar que cada aluno ofereça suas palavras de felicidade a alguém justificando. Esse texto que é produzido pelos alunos poderá ser o comentário inicial da leitura de um poema que trate do mesmo tema.

Ajudando a bibliotecária

O professor informa aos alunos que a biblioteca recebeu grande quantidade de livros e que a bibliotecária precisa catalogá-los com urgência. Por ter oferecido o trabalho voluntário da turma para ajudá-la, leva para sala de aula uma lista de livros para serem catalogados. Todavia, como só recebeu da bibliotecária o título de cada livro é preciso que os alunos façam a ficha bibliográfica, além de um pequeno resumo da obra. Para executar a atividade, os alunos são distribuídos em grupos que recebem cada uma lista dos livros. O professor providenciará títulos e obras existentes, mas que os alunos desconheçam. Uma possibilidade é escolher livros que realmente existam na biblioteca. Depois que cada grupo fez a ficha do livro e escreveu o resumo, o professor apresenta a ficha catalográfica verdadeira, fazendo uma comparação entre a imaginação suscitada pelo título e a o conteúdo efetivo. Se possível, o professor trará alguns dos livros ou até mesmo incluirá, entre os títulos, o livro que deverá ser lido pela turma. Nessa oficina, os alunos aprendem a manusear uma ficha catalográfica de forma engenhosa. Por isso o professor informará previamente os dados que ela contém. Também é um exercício de antecipação, de levantamento das expectativas, como parte do processo de leitura.

Mitologia brasileira

O professor inicia relembrando a importância dos mitos, como eles surgem e a ausência de rigor na constituição deles. Depois, faz uma lista com os alunos de seres míticos da cultura popular brasileira: mula sem cabeça, boitatá, Iara etc. Com os nomes listados, divide a turma e pede a cada grupo que se encarregue de alguns desses seres. O grupo poderá descrevê-lo, dizer a que região pertence, que outros nomes têm e narrar algumas das histórias em que aparece como protagonista. Essa oficina serve para introduzir obras que tratem desses mitos de alguma maneira ou de mitos em geral.

Vida nova

O professor explica para os alunos que algumas palavras e expressões de tanto serem usadas perderam seu sentido original. Ex.: cai a tarde, o sol se levanta, a boca do rio, os braços da poltrona, parede nua. Depois, solicita aos alunos que busquem expressões semelhantes e recuperem o sentido original incluindo-as em frases. Exemplo: "caiu a tarde e quebrou-se em pedaços, que rolaram pelo chão [...]". Mais tarde, essas frases podem ser transformadas em pequenos textos. Alternativamente, pode-se usar metáforas retiradas de poemas que se cristalizaram, a exemplo de "o amor é fogo" (Camões); "horas mortas" (Alberto de Oliveira). É importante que o professor chame a atenção dos alunos para o processo de construção da metáfora, já que é por meio dele que poderá recuperar o sentido original da expressão ao lado do uso corrente atual. É um excelente recurso na exploração de poemas.

Glosa

Funciona como a glosa poética, ou seja, o professor apresenta um verso de poema e pede aos alunos que aproveitem o verso para fazer um texto. A atividade pode ser a continuidade do verso ou concluir com aquele verso. Não é necessário que seja um poema, pode, aliás, ser um texto narrativo. O professor, se julgar melhor, faz a primeira glosa para mostrar para os alunos como funciona a oficina. Nesse caso, deve evitar as situações mais fáceis, como transformar o verso em fala de personagem. Uma variante da glosa consiste em tomar um verso e ilustrá-lo com uma história. O verso, então, funcionará como uma espécie de moral de fábula. Outra variante é fazer do verso uma epígrafe. Aqui é importante que os textos que dão origem à glosa sejam objeto de leitura da turma. Essa glosa pode, inclusive, ser conduzida como uma atividade de interpretação.

Dicionário

A atividade consiste em definir imaginariamente palavras que são pouco usadas, segundo o modelo dos verbetes dos dicionários. Para começar, o professor conversará com os alunos sobre lugares e pessoas com nomes estranhos. Depois, apresentará a definição dicionarizada de uma dessas palavras. De preferência, deve usar um dicionário enciclopédico, a fim de que os alunos não fiquem presos a um único tipo de verbete. Em seguida, deve trazer uma lista de palavras para que os alunos apresentem uma definição. O professor não pode deixar de destacar que essas palavras podem ser nomes comuns ou nomes de pessoas, regiões, países, cidades, ilhas, rios, montanhas, personagens de ficção, marcas ou nomes próprios. Ao final, faz-se a leitura da definição dicionarizada e a do aluno. As palavras selecionadas podem fazer parte do campo semântico de um poema ou do contexto de um romance, levando os alunos a buscar o texto para a leitura.

As palavras do amor

Trata-se de um trabalho com a noção de campo semântico. O professor escreve o substantivo *amor* no centro do quadro e pede aos alunos que digam palavras associadas a ele. Cada aluno deve dizer pelo menos uma palavra e explicitar a relação que fez. É conveniente que o professor esteja preparado para associações peculiares que possam estabelecer. A atividade pode se encerrar com a leitura em coro de todas as palavras ou com um texto que envolva o maior número de palavras associadas a amor. Dependendo do objetivo do professor, a palavra geradora pode ser trocada por outra. O importante é que permita muitas associações. Usualmente, os substantivos abstratos são mais vantajosos nesse aspecto.

História desventurada

O professor conversa com os alunos sobre romances clássicos, mostrando que as grandes histórias de amor costumam terminar em desventura. Em seguida, convida os alunos a escrever uma história de amor desventurada, oferecendo como ponto de partida duas personagens. Divididos em grupo de três, os alunos começam a escrever a história de amor desventurada. Um grupo será responsável pelo início e outro fica responsável pelo final. Para concluir, os pedaços da história são juntos e a história é lida oralmente por cada grupo como se fosse um jogral. Alternativamente, o professor pode simplesmente solicitar que cada grupo escreva um episódio e depois monte a história com coerência. Essa história pode ser paralela a uma narrativa que trate do mesmo tema. Desse modo, os alunos terão oportunidade de tecer um paralelo entre a história criada por eles e a história lida.

Laços de palavras

O professor seleciona várias palavras que tenham o mesmo final, como se fossem rimas. Ele escreve cada uma dessas palavras em papeizinhos e distribui aos alunos. Em seguida, pede que formem frases com ela, porém deixando essa palavra no final da frase. Depois, a turma forma um círculo e vai unindo as frases, gerando um poema. Em seguida, outro poema que contenha as mesmas palavras pode ser explorado pela turma.

O novo personagem

Essa oficina é uma matriz que o professor pode usar para várias situações. Ele deve oferecer aos alunos determinado ambiente, como uma cidade pequena constituída por tantas casas e tantos habitantes. Depois, pede que os alunos narrem o que aconteceria se nesse ambiente fosse incluído novo personagem. Seguindo o exemplo, os alunos poderiam ser instados a pensar o que se daria em uma cidade pequena do interior com a chegada de uma estrela de cinema, de um grande empresário e daí por diante.

Caso tenha interesse, o professor pode dividir a turma em grupos e distribuindo a cada um deles um personagem diferente para o mesmo ambiente. Preferencialmente, o ambiente usado será o mesmo da narrativa que se está lendo ou que se indicará para leitura.

Dominó narrativo

Essa oficina aproveita a estrutura do jogo dominó. O professor inicia uma história para ser desenvolvida pelos alunos. Cada aluno recebe quatro peças-palavras com duas cores e uma só palavra e deve conectá-la, conforme a cor, à palavra-geradora (ou às peças acrescidas a ela) e contar um pedaço da história, utilizando a palavra conectada. Conforme o jogador coloca sua peça à esquerda ou à direita da palavra-geradora, deve reportar-se ao passado ou ao futuro. As palavras usadas podem ser retiradas do texto que se está lendo ou que se pretende introduzir.

Entrevista imaginária

Esse tipo de entrevista pode ser desdobrado em várias situações. Trata-se de fazer uma entrevista sem contato com o entrevistado. Na verdade, o entrevistador simula as respostas para perguntas que ele mesmo fez. É pertinente que professor alerte os alunos que esse tipo de entrevista requer um conhecimento mais profundo do entrevistado para que a simulação tenha coerência. Essa entrevista pode ser feita com uma personalidade pública realmente existente – e nesse caso precisa apoiar-se em dados concretos apresentar fontes – ou personagens de livros ou uma pessoa que poderia ter conhecido o personagem principal e assim por diante.

O visitante

Como forma de efetivar uma interação do aluno com o texto lido, o professor pode apresentar uma personagem que "visitou" a história. O aluno assume o papel dessa personagem e conta o que viu ou viveu. Alternativamente, o próprio aluno pode inventar uma personagem que teria vivido a história sem o conhecimento do narrador e a apresenta aos colegas.

Júri simulado

Essa é uma atividade tradicional em nossas escolas. Trata-se de escolher uma personagem da obra lida e submetê-la a julgamento por suas ações. Também pode ser um acontecimento ou o próprio livro como um todo. O professor dividirá a turma em várias equipes, uma para cada função do julgamento. Haverá, assim, a equipe do promotor, a equipe da defesa, a equipe dos jurados, a equipe da assistência. Apenas o juiz, a testemunha e a personagem a ser julgada são constituídas por um único aluno. Todos devem estudar suas tarefas antes do julgamento, inclusive com registro escrito dessa preparação. O julgamento é uma dramatização, com personagens e juízes vestidos a caráter. Após o julgamento, todos registram suas impressões em relatórios.

Jogral

Tradicionalmente, o jogral consiste na dramatização de um trecho ou recitação de trechos de obras, realizada com os alunos divididos em grupos de vozes. É o correspondente falado do canto coral. O professor selecionará o trecho ou texto inteiro e montará o jogo de vozes, indicando quando e quem deve falar. É preciso não confundir o jogral com a simples leitura coletiva de um texto. Na verdade, ele é uma espécie de dramatização. Por isso, convém que o trecho seja memorizado e encenado como se fosse uma peça de teatro.

Pesquisa de opinião

Usada tradicionalmente para antecipar resultados de eleições ou para avaliar uma determinada questão de interesse geral, a pesquisa de opinião pode ser utilizada na turma para avaliar o comportamento de uma personagem ou até para prever um acontecimento dentro da história. A opinião dos alunos pode ser computada e apresentada estatisticamente pelo professor ou pelo grupo de alunos, de preferência por meio de gráficos e índices percentuais.

Diários

É uma atividade inspirada nos diários de bordo ou diários de campo. O professor orienta o aluno a escrever um diário, registrando suas impressões sobre o livro durante a leitura. O aluno pode fazer o registro por capítulos ou determinado número de páginas. O diário pode assumir várias feições: o *diário de leitura*, que é o registro feito em casa pelo aluno à medida que for cumprindo os prazos acertados com o professor. Esse diário pode compreender a leitura de vários livros ou apenas um, pode também ser feito para ser trocado com colegas ou ser arquivado na biblioteca; o *diário dual*, um diário feito a dois – cada aluno escreve uma parte, podendo assumir a feição de um diálogo, enquanto estão lendo o livro; o *diário de classe*, em que o professor e os alunos, coletivamente, escrevem relatos de leitura. Esse diário pode se referir a um único livro ou a diferentes livros que são objetos de leitura. Pode ser um registro realmente diário ou semanal, com a hora ou o dia do diário; o *diário ilustrado*, que consiste em criar diários, com recortes de jornais e revistas relacionadas aos textos lidos ou desenhos feitos pelos alunos.

Varal poético

É a exposição de poemas ou mesmo de textos em prosa feitos pelos alunos ou selecionados por eles em um cordão e presos por grampo, fitas ou outro meio. Esse varal pode ser usado para exposições ou para registro de atividades especiais feitas em sala de aula. Também é possível ser um espaço permanente de divulgação das leituras feitas pelos alunos e pode conter tanto o resultado da leitura quanto simplesmente um texto lido e que se deseje compartilhar com o conjunto da turma.

Mural da leitura

Semelhante ao varal poético em vários aspectos, o mural de leitura consiste em uma larga folha de papel pardo que é colocado ao longo de uma das paredes da sala de aula. Nessa folha registram-se durante uma semana ou um mês as leituras dos alunos. Esse registro pode ser feito em partes individualizadas, com cada aluno tendo uma parte da parede para si, ou sem divisões, com o espaço livre para todos. Os alunos podem escrever no mural, colar figuras ou desenhar personagens e objetos que são descritos nos textos lidos.

Autobiografias

Como os diários, há vários tipos de texto autobiográfico que podem ser usados na escola como parte das atividades de leitura. Uma atividade bem simples consiste em solicitar aos alunos que destaquem um episódio de suas vidas e o relacionem com um episódio do livro. Essa busca de paralelos pode ser tanto de semelhanças quando de diferenças. Outra consiste em contrapor a vida do aluno à trajetória da protagonista. O aluno também pode dizer o que faria se estivesse vivendo tal situação ou pode aconselhar à personagem assumindo o papel de membro da família ou amigo. Dentro desse mesmo esquema, pode ainda emprestar à personagem qualidades, sentimentos ou falhas que julga possuir e especular como seria sua ação em um determinado episódio com essa transformação ou mesmo durante toda a história. Como se percebe, há muitas possibilidades de uso do princípio da autobiografia, isto é, atividades cujo traço comum é a conexão que o leitor faz entre o texto e sua vida.

Mudando a história

A atividade mais comum de mudar a história é aquela em que o professor retira o final para que os alunos escrevam outro. Aqui, como em qualquer outra atividade de mudança da história, o importante não é a coincidência entre o fim original e aquele criado pelo aluno, mas sim a coerência que se consegue estabelecer entre o desenrolar da narrativa e seu final. Essa atividade não precisa ser feita apenas com a exclusão do epílogo. O professor pode solicitar que os alunos reescrevam o fecho dado pelo autor, fazendo a história ganhar finais alternativos. A criação de novo texto ou a reescritura pode igualmente acontecer com o título e com uma personagem. No caso de novo título, é importante que se justifique sua escolha. Já em se tratando da personagem, pode ser nova ou já existente que passa a ocupar um papel mais importante ou, ainda, o próprio aluno ou um colega que entra na história. Outra forma interessante de mudar o enredo consiste em continuar a história a partir do ponto em que o autor a encerrou. Os alunos podem criar novos episódios no futuro ou no passado das personagens. Podem também expandir determinada cena com a inclusão de personagens ou ampliar seu significado pela incorporação de sonhos, pressentimentos e outros artifícios narrativos.

Ilustrações

Por ilustração, estamos recobrindo uma série de atividades que tem por fim ilustrar a leitura de um texto. O aluno é convidado a desenhar uma cena ou personagem favorita ou representá-las por meio de recortes. O professor pode escolher um trecho da obra para ser dramatizado pela turma. Divididos em grupo, os alunos podem apresentar poemas, canções ou objetos que tratem de cenas ou de personagens. Os sentimentos e as emoções destas podem ser ilustrados com os mesmos recursos. Também como recurso de ilustração está o relacionamento entre obras de meios diferentes. Assim, é possível que um filme ilustre determinado aspecto de um romance, um poema o sentimento de uma personagem e um programa de TV aborde um dos temas da obra.

Feira literária

A feira literária pode ser uma simples exposição de cartazes, com poemas ou resultados das leituras feitas pelos alunos, ou um evento anual. No primeiro caso, pode ser uma atividade realizada em sala de aula para a própria turma ou para a turma vizinha. No segundo, tem-se um grande festival que envolve, preferencialmente, toda a escola e até público externo. Como tem um caráter de balanço das atividades, as feiras acontecem normalmente no final do ano letivo ou em data próxima, apresentando várias atividades de leitura literária, que vão da exposição de textos e livros confeccionados pelos alunos até dramatizações diversas.

Bibliografia

ABREU, Márcia. As variadas formas de ler. In: PAIVA, Aparecida et al. *No fim do século*: a diversidade. O jogo do livro infantil e juvenil. Belo Horizonte: Autêntica, 2000.

ALVARADO, Maite; PAMPILLO, Gloria. *Oficinas de criação literária*. Buenos Aires: Coquena/ Livros do Tatu, 1990.

AGUIAR, Vera Teixeira; BORDINI, Maria da Glória. *Literatura*: a formação do leitor. Alternativas metodológicas. Porto Alegre: Mercado Aberto, 1988.

BAKHTIN, Mikhail. *Estética da criação verbal*. São Paulo: Martins Fontes, 1992.

BARTHES, Roland. *Aula*. 6. ed. São Paulo: Cultrix, 1992.

BATISTA, Antônio A. G.; GALVÃO, A. M. O. *Leitura*: práticas, impressos, letramentos. Belo Horizonte/Ceale: Autêntica, 1999.

BOURDIEU, Pierre. *As regras da arte*. São Paulo: Companhia das Letras, 1996.

BRANDÃO, Helena; MICHELETTI, Guaraciaba (coords.). *Aprender e ensinar com textos didáticos e paradidáticos*. São Paulo: Cortez, 1997.

BRUNER, Jerome. *The culture of education*. Cambridge: Harvard University Press, 1996.

CAGLIARI, Luiz Carlos. A leitura e a escola. *Alfabetização e linguística*. São Paulo: Scipione, 1992.

CALKINS, Lucy McCormick. *A arte de ensinar a escrever*: o desenvolvimento do discurso escrito. 2. ed. Porto Alegre: Artmed, 2002.

CAMPOS, Dinah M. de Souza; WEBER, Mirian G. *Criatividade*. Rio de Janeiro: Sprint, 1987.

CANDIDO, Antonio. O direito à literatura. *Vários escritos*. 3. ed. São Paulo: Duas Cidades, 1995.

CHARTIER, Anne-Marie. Leitura escolar: entre pedagogia e sociologia. *Revista brasileira de educação*. Set.-dez. 1995, pp. 17-52.

COSSON, Rildo. O professor de literatura e seu material didático. *Anais do 12º Congresso de Leitura do Brasil*. Campinas: ALB, 1999, CD-rom.

_____. O apagamento da literatura na escola. *Investigações – Linguística e Teoria Literária*, jul. 2002, v. 15.

_____. Entre o cânone e o mercado: a indicação de textos na escola. In: PAULINO, Graça; COSSON, Rildo (org.). *Leitura literária*: a mediação escolar. Belo Horizonte: Faculdade de Letras da UFMG, 2004.

COSSON, Rildo et al. Círculo de leitura: ensino, extensão e cidadania. *Expressa extensão*. Pelotas, n. 2, v. 4, dez. 1999.

DIONISIO, Angela P.; MACHADO, Anna Rachel; BEZERRA, Maria Auxiliadora. *Gêneros textuais e ensino*. Rio de Janeiro: Lucerna, 2002.

DIONÍSIO, Maria de Lourdes da Trindade. *A construção escolar de comunidade de leitores*. Coimbra: Almedina, 2000.

EVEN-ZOHAR, Itamar. Polysistem studies. *Poetics today*, v. 11, n. 1, 1990, pp. 1-269.

FARIA, Maria Alice. *Parâmetros curriculares e literatura*: as personagens de que os alunos realmente gostam. São Paulo: Contexto, 1999.

FERREIRA, Luiz Antonio. *Roteiro de leitura*: O cortiço de Aluísio de Azevedo. São Paulo: Ática, 1997.

FOUCAMBERT, Jean. *A leitura em questão*. Porto Alegre: Artes Médicas, 1994.

FREIRE, Paulo. *A importância do ato de ler*. São Paulo: Cortez, 1982.

GERALDI, João Wanderley. *Linguagem e ensino*. Campinas: Mercado Aberto/ALB, 1996.

_____. (org.). *O texto na sala de aula*. 6. ed. Cascavel: Assoeste, 1991.

GONZÁLEZ, Hector. *Jogo, aprendizagem e criação*. Buenos Aires: Coquena/Livros do Tatu, 1990.

GUIAS DE LEITURA. *O cortiço – Aluísio Azevedo*. Porto Alegre: Mercado Aberto, 1985.

KLEIMAN, Angela. *Oficina de leitura*. Campinas: Pontes/Ed. da Unicamp, 1993.

KOMOSINSKI, Lionira G. et al. *A realidade descobrindo mundos*. Erechim: Uricer, 2001.

LAJOLO, Marisa. O texto não é pretexto. In: ZILBERMAN, Regina (org.). *Leitura em crise na escola*: as alternativas do professor. Porto Alegre: Mercado Aberto, 1986.

LARROSA, Jorge. *Pedagogia profana*. Porto Alegre: Contrabando, 1998.

LAHTINE, Aino-Maija. Literature teaching in Health Care and Social sector Education. *The role of Literatura in Mother Tongue Education*. Lisboa: Fourth IAIMTE International Conference, 2003.

LEAHY-DIOS, Cyana. *Educação literária como metáfora social*. Niterói: Eduff, 2000.

LEFFA, Vilson J.; PEREIRA, Aracy E. (orgs). *O ensino da leitura e produção textual*. Pelotas: Educat, 1999.

LEITE, Lígia Chiappini. *Invasão da catedral*: leitura e ensino em debate. Porto Alegre: Mercado Aberto, 1983.

LEITURA: TEORIA E PRÁTICA. Campinas/Porto Alegre: ALB/Mercado Aberto, 1983, semestral.

LIMA BARRETO, Afonso Henrique de. A cartomante. *Contos e novelas*. Rio de Janeiro: Livraria Garnier, 1990.

MAGNANI, Maria do Rosário. *Leitura, literatura, escola*: sobre a formação do gosto. São Paulo: Martins Fontes, 1989.

MAINGENEAU, Dominique. *O contexto da obra literária*. São Paulo: Martins Fontes, 1995.

MALARD, Letícia. *Ensino e literatura no 2º grau*. Porto Alegre: Mercado Aberto, 1985.

MANGUEL, Alberto. *Uma história da leitura*. São Paulo: Companhia das Letras, 1996.

MARCUSCHI, Luiz Antonio. *Da fala para a escrita*: atividades de retextualização. 2. ed. São Paulo: Cortez, 2001.

MARINHO, Marildes (org.). *Ler e navegar*: espaços e percursos da leitura. Campinas: Mercado das Letras/ALB, 2001.

MELO Neto, João Cabral de. *Obra completa*. Org. Marly de Oliveira. Rio de Janeiro: Nova Aguilar, 1994.

MILLER, Darcy. Using literature to build self-esteem in adolescent with learning and behavior problems. *The clearing house*, v. 67, n. 4, March-April, 1994, p. 207(5).

MYRSIADES, Kostas; MYRSIADES, Linda S. (eds.). *Margins in the classroom. Teaching literature.* Minneapolis: University of Minnesota Press, 1994.

NEWELL, George E.; DURST, Russel K. (eds.). *Exploring texts*: The role of discurssion and writing in the teaching and learning of literature. Norwood: Christopher-Gordon, 1993.

OLSON, David. *O mundo no papel*: as implicações conceituais e cognitivas da leitura e da escrita. São Paulo: Ática, 1997.

PARÂMETROS CURRICULARES NACIONAIS: terceiro e quarto ciclos do ensino fundamental: língua portuguesa. Brasília: MEC/Secretaria de Educação Fundamental, 1998.

PAULINO, Graça. Letramento literário: cânones estéticos e cânones escolares. *Anais da ANPED 1998*. Caxambu: ANPED, 2001, CD-ROM.

PELLEGRINI, Domingos. O herói. *Tempo de menino*. São Paulo: Ática, 1991.

PESSOA, Fernando. *Mensagem*: À memória do Presidente-Rei Sidónio Pais. Quinto Império. Cancioneiro. Rio de Janeiro: Nova Fronteira, 1981.

QUINTÁS, Alfonso López. *La Experiencia Estética, Fuente Inagotable de Formación Humana.* Disponível em <http://www.hottopos.com/convenit6/quintasarte.htm.>. Acessado em 18/11/2002.

RICHE, Rosa; HADDAD, Luciane. *Oficina da palavra*. São Paulo: FTD, 1988.

RODARI, Gianni. *Gramática da fantasia*. São Paulo: Summus, 1996.

SARAMAGO, José. *História do cerco de Lisboa*. São Paulo: Companhia das Letras, 1996.

SCLIAR, Moacyr. No Retiro da Figueira. In: LADEIRA, Julieta de Godoy (org.). *Contos brasileiros contemporâneos*. São Paulo: Moderna, 1991.

SILVA, Lilian Lopes Martin da. *A escolarização do leitor*: a didática da destruição da leitura. Porto Alegre: Mercado Aberto, 1986.

SMOLKA, Ana Luiza B. et al. *Leitura e desenvolvimento da linguagem*. Porto Alegre: Mercado Aberto, 1989.

SOARES, Magda B. *Letramento*: um tema em três gêneros. Belo Horizonte: Autêntica, 1998.

_____. A escolarização da literatura infantil e juvenil. In: EVANGELISTA, Aracy; BRINA, Heliana; MACHADO, Maria Zélia (orgs.). *A escolarização da leitura literária*. Belo Horizonte: Autêntica, 1999.

_____. Português na escola: história de uma disciplina curricular. In: RÖSING, Tânia; BECKER, Paulo. *Ensaios*. Passo Fundo: UPF, 2001.

ZILBERMAN, Regina. *Leitura em crise na escola*: as alternativas do professor. Porto Alegre: Mercado Aberto, 1982.

_____. *A leitura e o ensino da literatura*. São Paulo: Contexto, 1988.

_____. Sim, a literatura educa. In: ZILBERMAN, Regina; SILVA, Ezequiel Theodoro. *Literatura e pedagogia*. Porto Alegre: Mercado Aberto, 1990.

_____. Leitura literária e outras leituras. In: BATISTA, Antonio Gomes; GALVÃO, Ana Maria de Oliveira (orgs.). *Leitura*: práticas, impressos, letramentos. Belo Horizonte: Autêntica, 1999.

_____. Letramento literário: não ao texto, sim ao livro. In: PAIVA, Aparecida; MARTINS, Aracy; VERSIANI, Zélia (orgs.). *Literatura e letramento*: espaços, suportes e interface – o jogo do livro. Belo Horizonte: Autêntica/Ceale, 2003

_____. (org.). *A produção cultural para criança*. Porto Alegre: Mercado Aberto, 1982.

_____; SILVA, Ezequiel Theodoro da (org.). *Leitura*: perspectivas interdisciplinares. São Paulo: Ática, 1988.

O autor

Rildo Cosson é coordenador do Programa de Pós-Graduação do Cefor/Câmara dos Deputados. Doutor em Letras pela Universidade Federal do Rio Grande Sul (UFRGS) e mestre em Literatura pela Universidade de Brasília (UnB). Foi professor de Literatura da Universidade Federal do Acre (Ufac) e da Universidade Federal de Pelotas (UFPel) e professor de Metodologia do Ensino de Língua Portuguesa da Universidade Federal de Minas Gerais (UFMG). É membro da Associação Nacional de Pós-Graduação de Letras e Linguística (Anpoll), da Associação Brasileira de Literatura Comparada (Abralic), da International Association for the Improvement of Mother Tongue Education (IAIMTE), e pesquisador do Centro de Alfabetização, Leitura e Escrita (Ceale) da UFMG.

CADASTRE-SE
EM NOSSO SITE,
FIQUE POR DENTRO DAS NOVIDADES
E APROVEITE OS MELHORES DESCONTOS

LIVROS NAS ÁREAS DE:

História | Língua Portuguesa
Educação | Geografia | Comunicação
Relações Internacionais | Ciências Sociais
Formação de professor | Interesse geral

ou
editoracontexto.com.br/newscontexto

Siga a Contexto
nas Redes Sociais:
@editoracontexto

GRÁFICA PAYM
Tel. [11] 4392-3344
paym@graficapaym.com.br